· 中学理科实验教学指南丛书

高中化学实验教学指南

湖北省教育技术装备处　组编

主　任

朱圣芳

副主任

熊　辉　胡文杰　丁远毅　孙　旭　苏　航

编　委（按姓氏笔画排序）

田明飞　冯　露　李大伟　李彤亚　张文学　庞　博

本册主编

孙　旭　陶　勇

本册编者（按姓氏笔画排序）

朱必富　朱宗芳　向太平　刘黎丽　江　薇　孙　旭

宋晓莹　庞　博　赵杏芳　袁　平　唐　露　陶　勇

华中科技大学出版社
http://press.hust.edu.cn
中国·武汉

图书在版编目（CIP）数据

高中化学实验教学指南 / 湖北省教育技术装备处组编. -- 武汉：华中科技大学出版社，2024.8.
（中学理科实验教学指南丛书）. -- ISBN 978-7-5772-1161-9

Ⅰ. G633.82

中国国家版本馆 CIP 数据核字第 2024D512T9 号

高中化学实验教学指南
Gaozhong Huaxue Shiyan Jiaoxue Zhinan

湖北省教育技术装备处　组编

策划编辑：靳　强　赵　丹　程宝仪

责任编辑：张利艳

装帧设计：赵慧萍

责任校对：张会军

责任监印：曾　婷

出版发行：华中科技大学出版社（中国·武汉）　　电话：(027) 81321913
　　　　　武汉市东湖新技术开发区华工科技园　　邮编：430223

录　　排：华中科技大学惠友文印中心

印　　刷：武汉科源印刷设计有限公司

开　　本：787mm×1092mm　1/16

印　　张：12

字　　数：247 千字

版　　次：2024 年 8 月第 1 版第 1 次印刷

定　　价：58.00 元

总序
FOREWORD

近年来，党和国家深刻洞察国际科学教育发展趋势，高度重视科学教育工作，相继出台《基础教育课程教学改革深化行动方案》《关于加强新时代中小学科学教育工作的意见》等一系列政策文件，提出"推进基于探究实践的科学教育"。基础教育阶段，实验教学是国家课程方案和课程标准规定的重要教学内容，是激发学生科学研究兴趣，促进学生科学研究思维养成，培养学生勇于创新、敢于实践、善于合作的重要途径，承担着培养未来科技人才的重要任务。

为贯彻落实党和国家系列文件精神，湖北省教育技术装备处组织专家团队，经充分调研，结合教情、学情，牵头研制了"中学理科实验教学指南丛书"。丛书包括《初中物理实验教学指南》《初中化学实验教学指南》《初中生物实验教学指南》《高中物理实验教学指南》《高中化学实验教学指南》《高中生物实验教学指南》等6册，涵盖了实验教学理念、实验教学方法、实验教学内容、实验教学案例、实验教学评价、实验教学技术与装备等方面的内容，突出体现了以下特点。

一是系统性。丛书坚持核心素养导向，以提高课堂实验教学质量为目标，融合各学科和学段，进行整体设计，基于"教—学—评"一致性理念，将教、学、评三要素有机融合，突出教学重点、难点，系统阐释实验教学内容、过程、方法、评价、环境等各要素，形成课程育人的合力，为教师规范、高效实施实验教学提供全方位的借鉴和参考。

二是实用性。丛书以国家课程标准和《中小学实验教学基本目录（2023年版）》为遵循，以现行教科书为纲，明确了实验教学的实施内容和要求，为学校制定实验课程实施方案、教育行政部门督查指导提供参照。丛书重点编写了实验教学案例，案例以学生必做实验为主要内容，按照课前、课中、课后的思路，展示了实验教学规范实施的全过程。丛书还提供了学科实验室建设方案、学科教学仪器配置方案，帮助学校加强实验教学装备的配置、管理与应用。

三是创新性。丛书结合教学需要，编写了一定数量的数字化实验教学案例，以融合应用新技术、新装备的方式引导启发式、探究式教学。丛书在两个学段的编写上各有侧重，初中着重编写实验教学评价指标，为初中学业水平考试命题提供有效支撑；高中着重编写实验教学策略和方法，以帮助课堂实验教学提质增效。丛书还介绍了教育技术装备行业的部分新技术、新产品，为教师优化教学模式、创新教学设计提供新思路。

本丛书凝聚了众多研究人员和一线教师的智慧，历经一年有余编写而成，既有实验教学的基本理论，也有实验教学活动的具体指导，是一套实用、易懂的工具书，相信本丛书的出版对推动实验教学高质量发展将有所助益。

"中学理科实验教学指南丛书"编委会
2024 年 7 月

前言

PREFACE

化学实验是化学学习和研究的基本途径，新时代新课程对实验教学提出了新要求。为了贯彻落实《教育部关于加强和改进中小学实验教学的意见》（教基〔2019〕16号）和湖北省教育厅有关文件精神，进一步加强和改进中学化学实验教学工作，湖北省教育技术装备处组织具有丰富实验教学经验的教研员、一线教师和教育技术装备专家，在对实验教学现状进行系统调研的基础上，依据《普通高中化学课程标准（2017年版2022年修订）》和现行普通高中化学教科书，精心打造了此书。

此书的编写理念为凸显实验育人功能、注重教育理论指导、整合实验教学内容、倡导素养导向的实验教学与评价，旨在提供符合新课标要求的实验教学范例，为推动湖北省中学化学实验教学改革与发展提供支撑。

此书的主要内容包括"化学实验教学概述""化学教科书实验目录""化学实验教学建议""化学实验教学评价建议""化学实验教学装备与技术"五个部分，涵盖实验教学理论、实践与装备三个维度。"化学实验教学概述"从发展学生化学核心素养的视角，提出了化学实验教学的目标原则，并从不同视角对化学实验进行分类，有利于教师整体把握高中化学实验教学。"化学教科书实验目录"以表格的形式，根据课程标准的要求，从必做实验、随堂实验和拓展实验三个层级对现行普通高中化学教科书中的实验内容进行整合统计，并对每个实验内容在知识体系中的地位和教学要求进行简要说明，呈现该学段实验内容的整体结构和框架。"化学实验教学建议"是此书的重点部分，包括化学实验教学策略建议、化学实验教学方法建议和化学实验教学案例，为实验教学实施提供具体指导。"化学实验教学评价建议"包括教师实验教学评价和学生实验操作评价，每个部分都分别建构了实验评价标准，并以具体实验评价案例进行示范，为破解实验评价难题提供借鉴。"化学实验教学装备与技术"以《普通高中化学教学装备配置标准（征求意见稿）》《中小学理科实验室装备规范》等文件为依据，结合湖北实际进行研制，主要包括化学实验教学装备配置方案、常用仪器的使用方法及注意事项、现代化学实验技术等三个方面，为学校实验室建设与管理提供参考。

　　此书以发展学生核心素养为价值引领，以培育学生实验探究能力为重点，结合学科教学实际，既有宏观理论指导，也有实验教学经验归纳和实验评价标准建构。为了提高实践性，书中还提供了一部分代表性案例示范。全书体系设计科学，内容丰富，集专业性和实用性于一体，是中学化学教师的良师益友。由于新课程标准实施时间不长，有些案例还有待在教学实践中继续优化完善，希望广大读者在使用过程中提出宝贵意见和建议。

编者

2024 年 6 月

目录
CONTENTS

第 一 章

化学实验教学概述

《普通高中化学课程标准（2017年版2020年修订）》（以下简称"新课标"）明确指出："化学是在原子、分子水平上研究物质的组成、结构、性质、转化及其应用的一门基础学科，其特征是从微观层次认识物质，以符号形式描述物质，在不同层面创造物质。"

实验是进行科学研究最基本、最重要的途径，也是学生学习科学知识的重要方法。化学是一门以实验为基础的自然科学，以实验为基础不仅是化学学科的显著特征，也是化学教学的基本特征。在高中化学教学中，许多化学概念、原理、规律都是通过实验探究引入并最终由实验加以验证。

实验是中学化学课程改革的重要组成部分，是基础教育课程改革的重点。[①] 新课标背景下，在化学教学中充分发挥化学实验的教学功能，不仅可以帮助学生有效获取化学知识和技能，激发学生学习化学的兴趣和积极性，引发学生探究的动机和行为，而且可以培养学生的观察能力、动手能力、思维能力，实事求是、勇于创新、严谨细致的科学态度，以及热爱科学、尊重科学、献身科学的科学品质。加强化学实验教学，是培育学生核心素养、促进学生全面发展的重要途径和关键方法。

新课标立足于现代生活和未来发展，着眼于提高21世纪公民的科学素养，积极倡导以实验为主的多种探究活动，使学生体验科学研究的过程。实验探究是培养学生探究能力与创新意识的过程，是培养学生探究能力与创新意识的重要载体，所以积极开展实验教学是高中化学教学的必由之路。

---

① 孙妍，王后雄，王伟. 新旧两版高中化学课程标准中实验内容变化的比较 [J]. 中学化学教学参考，2019（9）.

一、 高中化学实验教学目标

1. 高中化学实验教学目标体系

化学教学目标是化学课程目标的重要组成部分，是指学生在化学教学活动中所预期应该主动获得的全部经验。化学实验教学目标是指学生在化学实验教学中所预期应该主动获得的全部经验，是实施和评估化学实验教学的重要依据，是化学教学目标的重要组成部分。三者之间的关系如图 1-1 所示。

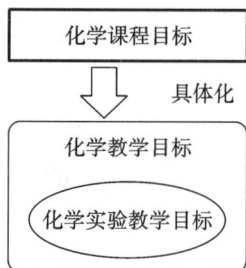

图 1-1 化学课程目标、教学目标、实验教学目标三者之间的关系

从图中可以看出，作为化学教学目标的一种具体表现形式的化学实验教学目标，一定要体现和反映化学课程目标。新课标依据化学学科核心素养对高中学生发展的具体要求，提出了高中化学的课程目标。要想将化学学科核心素养落实到实际教学活动的各个部分中去，需要对每一个实际的教学活动作出具体的规定。①

2. 高中化学实验教学目标

以全面发展学生化学学科核心素养的化学实验教学目标为依据，结合普通高中教育阶段化学实验教学的具体内容和学生的特点，制定的高中化学实验教学目标的具体内容如下。

（1）掌握化学知识和实验技能，学会解决实际问题

认识化学实验是研究和学习物质及其变化的基本方法，感知并对化学事实进行分析、比较、归纳、总结，形成化学概念、化学理论；选择常见的实验仪器、装置和试剂，初步学会物质检验、分离、提纯和溶液配制等化学实验的基础知识和基本技能；建立解决物质性质、物质制备、反应规律探究等不同类型化学实验问题的一般思路和常用方法；初步学会运用变量控制的方法完成科学实验探究活动；依据实

---

① 张树永，朱亚光，张剑荣. 本科化学类专业化学实验教学体系改革的思路与实施建议[J]. 大学化学，2018，33（10）.

验方案独立或与同学合作完成必修课程和选择性必修课程中设定的18个学生必做实验；全面、准确地记录实验过程和现象，分析实验实施的合理性；运用从化学实验中获得的知识和技能，分析和解决与化学有关的实际问题。

（2）建构化学观念，发展科学思维

通过实验观察辨识一定条件下物质的形态及其变化的宏观现象，运用化学符号表征常见物质及其变化；通过实验探究物质的组成和性质，初步掌握物质及其变化的分类方法，形成物质是由元素组成和化学变化中元素不变的观点；根据实验现象和实验数据，理解化学变化是需要条件的，并概括出化学变化发生的条件、特征与规律，形成物质结构决定性质、物质性质决定用途的化学观念，形成合理利用物质的意识，以及合理选用化学实验用品的观念；从定性和定量的视角研究物质的组成及变化，认识质量守恒定律对资源利用和物质转化的重要意义；在实验探究过程中对信息、观点、方案和结论等的不合理之处进行质疑与批判，并提出有创造性的见解，发展创新思维能力。

（3）经历科学探究，培养实验探究能力

新课标明确提出要增进学生对科学探究的理解，发展科学探究能力。科学探究是学生学习化学、培养实践能力和创新精神的重要活动，而化学实验是进行科学探究的一种重要方式，具备基本的化学实验技能是学习化学和进行探究活动的基础保证。通过开展化学实验，可以经历科学探究的过程，增强实践的能力。

知道科学探究是收集证据和作出解释，进行发现、创造与应用的科学实践活动，也是获得科学知识、理解科学本质、认识客观世界的重要途径；结合具体探究活动说明科学探究的要素及各要素之间的关系；独立或经过启发发现和提出有探究价值的问题，从问题和假设出发，依据探究目的，设计实验方案（如确定实验原理、选择实验仪器与试剂、组装实验装置、设计实验步骤等），基于证据分析、推理、评价和优化实验方案；用数据、图表、符号等处理实验信息，对实验中的"异常"现象和已有结论进行反思、质疑，提出新的实验设想并付诸实施；体验探究活动带来的乐趣和成功的喜悦。

（4）培养科学态度，形成必备品格

发展科学探究的好奇心、想象力与探究欲；通过探究活动，初步养成注重实证、严谨求实、敢于质疑的科学态度，初步学会批判性思维方法，具有敢于提出并坚持自己的见解、勇于修正或放弃错误观点、尊重实验事实和证据、反对伪科学的科学精神；与同学合作交流，善于沟通；培养创新意识和勇于克服困难的品质。

知道化学实验存在安全风险，明确化学实验室安全规则和实验操作规范；养成实验前预习和实验中爱护仪器设备、保持整洁的习惯；具备预防化学实验安全事故的意识；能识别实验室安全警示标志和常用危险化学品标志，知道常见废弃物的处理方法，以及实验室突发事件的应对措施；树立"绿色化学"思想，养成节约和环保的意识与习惯；严格遵守实验室安全规则，会正确使用安全防护设施。

3. 高中化学实验教学目标的陈述

规范的化学实验教学目标应包含行为主体、行为动词、行为条件、行为程度四个基本要素。教学目标是对学生预期应该主动获得的全部经验的描述，化学实验教学目标陈述的主体应该是学生，因此，化学实验教学目标的陈述可表达为"能初步学习观察……"，不宜使用"初步培养学生观察实验现象的能力……"。

行为是指通过学习，学生能做什么，或者有什么心理感受或体验。一般用动宾短语来描述学生的行为较为准确。动词表明学习的要求，宾语说明学习的内容。如，可以用"说出""列举"等动词描述能够观察和测量的行为，或者用"关注""体验"等动词描述难以观测的内在意识和心理状态。

行为条件是指影响学生产生学习结果的特定限制或范围，主要说明学生在何种情境下完成指定的学习目标。条件的陈述包括的因素有：环境因素，如地点等；人的因素，如是个人独立完成、小组集体完成，还是在教师指导下完成等；设备因素，如所用到的工具、设备等；信息因素，如所用到的图表、书籍、数据库等。例如，"能依据物质的性质和反应条件，选择合适的气体发生装置、除杂装置、收集装置和尾气处理装置制取氯气等气体"。行为对象是"制取氯气"，行为条件是"物质的性质和反应条件"、"合适的气体发生装置、除杂装置、收集装置和尾气处理装置"。

行为程度是指目标达成的最低表现水平，用以评估学生学习结果的达成度。结果性目标的陈述要求明确学生的学习结果是什么，采用可观察、可测量、可评价的行为动词进行陈述。例如，"能依据物质的性质和反应条件，选择合适的气体发生装置、除杂装置、收集装置和尾气处理装置制取氯气等气体"。这一目标中的行为动词是"选择"，它表示作为学习结果的行为标准是学生会选择合适的气体发生装置、除杂装置、收集装置和尾气处理装置即可。

二、 高中化学实验教学原则

教学原则是指导教学工作的基本原则，实验教学原则是在实验教学工作中必须遵循的基本要求和指导原理。实验教学原则是根据实验教学的特点、规律和一定的教育目的提出来的，它反映了实验教学的规律，也是对实验教学经验的总结。实验教学原则对制订教学计划、安排课程、确定施教方法、开展实验教学实践等具有指导作用，而化学实验教学的设计、实施与评价等过程，以及依据的理论基础具有其自身的特点。因此，化学实验教学除了要遵守实验教学的一般性原则外，还应遵守以下原则。

1．目的性原则

所有的化学实验教学都必须遵循目的性原则。目的性原则是指在整个化学实验教学过程中，对化学实验原理、用品、装置、步骤及结果处理等方面的设计，都应围绕化学实验目的展开。教师首先必须明确，开展实验的总目的及要求应体现和服从教学内容；还需要明确每个实验环节应达到的目的，了解实验过程中学生可能出现的问题，排除不必要的干扰因素，保证实验效果，优化实验过程，节约实验资源。

2．科学性原则

化学是一门自然学科，科学性原则是化学实验教学的首要原则。科学性是指实验原理、实验程序和操作方法必须科学合理，实验设计和实验实施要具有科学思想和科学方法的教育因素。化学实验的改进与优化必须遵循科学性原则，包括化学实验方案设计要科学、实验装置的选择要正确、实验操作程序要规范、实验方法要可靠等。高中化学实验只有遵循科学性原则，才能确保实验的安全性与有效性，才能保证实验得出的数据与结论具有真实性。化学实验教学的科学性，还体现在教师对实验的态度和敬业精神上。对任何一个实验，教师都应在课前做好充分准备，亲自动手实验，避免因实验准备不充分而造成实验失误。教师在实验教学中要遵循科学性原则，引导学生掌握科学原理和科学方法，从而促进学生形成科学思想观念、发展科学思维、增强实践能力、提升应用科学思想和方法解决问题的能力。

3．可行性原则

可行性原则是指化学实验教学所选择的实验原理、手段或方法在实施时能切实可行，选用的化学试剂、实验仪器和设备等在中学实验室现有的条件下能够实现。如除去 CO 气体中混有的少量 CO_2 气体，有学生采用将混合气体通过炽热的碳层的方法，想利用炭的还原性将 CO_2 气体还原为 CO 气体。此方案在理论上是可行的，但由于木炭还原 CO_2 的反应需要较高温度，在中学实验室条件下很难实现，因此从现实层面上讲此方案是不可行的，可以改为将混合气体通过盛有碱石灰的装置等方案。

化学实验教学应重视实验的基础性和层次性，把握好实验教学的难度。在学习具有一定难度的材料时，学生要在知识客体和自身的认知结构之间建立内在的联系，从而将外在的知识真正内化到自己已有的认知结构之中，这实际上是一个形成新的认知结构和认知方式的过程。由于学生在学习上存在着个体能力的差异，教师在开展化学实验教学时要根据不同学生的心理特征、认知结构和个体能力的差异来调整和组织好教学内容，把握好实验的难度，兼顾不同学生的需要。

4. 直观性原则

化学实验取得成功的主要标志是实验操作方便、实验现象明显。高中化学实验有多种类型，但是无论哪一种化学实验教学都要遵循直观性原则。只有遵循直观性原则，才能够带给学生直观的感受，而不是让学生感到模糊不清。教师可以设计直观的教具、组装有特点的实验装置，运用现代信息技术手段如数字化实验等，将理论性知识实验化、定性实验定量化，精准剖析实验过程，将实验过程中的相关数据实时呈现，使实验现象明显、直观。学生通过化学实验可以比较清楚、直观地了解实验的具体过程，获得直观的实验结果，全面提升实验操作能力。

5. 启发性原则

中学化学课堂教学中包含实验教学，其作用不仅仅是验证理论，更是一种创造性的实践。在实验教学过程中，要确立学生在实验过程中的主体地位，充分发挥学生的主观能动性；要启发学生积极思考、大胆设想、勇于创新，使学生具有丰富的科学知识、较强的动手能力和活跃的思维。启发性原则是有效完成化学实验教学任务必须遵循的教学原则，在教学原则体系中处于中心地位，它反映了传授知识与发展智力相统一的要求。学生掌握知识和发展智力都必须以独立思考为前提，实验教学只有遵循启发性原则，才能达到传授知识与发展智力的相统一。启发性原则符合学生的认识规律，只有为学生创造独立思考的条件，让学生在有趣的实验情境中积极思考、形成化学概念，并运用化学概念对生动的实验现象进行分析判断，才能使学生加深对知识的理解，将所学知识融会贯通。

6. 简约性原则

简约化的实验教学是指实验装置简单、实验操作步骤简便、实验药品节约，能在较短的时间内完成实验并且实验现象明显的教学方式。教师要对教科书深入研究，对实验教学内容进行加工和取舍，使教学内容简约、实验效果明显。在实验方案的制定上，可以采用常规的组合实验方案，也可以设计简约的实验程序，选择普遍易得的器材，减少药品的用量和工作量，缩短实验时间，提高课堂效率。布鲁纳的认知理论认为，任何学科的内容都可以用更为经济、富有活力的简约方法表达出来。因此，简约化的实验教学"还原化学本色、复归学科本位"，可以帮助学生轻松掌握化学知识。

7. 安全性原则

化学实验教学中要严格确保化学实验的安全，杜绝一切实验安全事故的发生。有些化学实验具有一定的安全隐患，容易造成污染，教师应全面提升化学实验安全意识，进行实验设计时要考虑安全问题，尽量避免使用具有毒性的物品及危险性实验设备，并在实验方案中详细写明注意事项，避免发生污染事件和人身安全事件。在实验过程中应加强引导，要求学生操作规范，注意实验安全，真正构建绿色化学实验。对于污染严重、较危险的实验，可以利用信息技术手段如虚拟实验手段代替，确保学生的安全。

8. 巩固性原则

巩固性原则是指通过开展化学实验教学使学生理解所学知识，牢固掌握所学知识和基本技能。化学实验形象、直观、有趣，在实验过程中学生可以动眼、动手、动脑，发挥各种器官在理解化学知识、巩固化学知识中的作用，使获得的知识更准确、更牢靠。化学实验习题探究、学生实验、实验设计等形式，也是检验学生对知识掌握程度的一种有效方式。例如，《普通高中教科书　化学　必修　第一册》中将"配制一定物质的量浓度的溶液"设计为教师演示实验，为加深学生对该知识的理解，又将此实验安排为学生必做实验，学生通过亲身实验可以进一步理解物质的量、物质的质量、物质的量浓度之间的转化关系，复习天平、量筒等仪器的使用方法，认识容量瓶并进一步熟悉配制一定物质的量浓度的溶液的步骤，发展定量研究意识。

9. 绿色化原则

绿色化学是学生应树立的基本化学观念之一，绿色化原则倡导的理念要求化学实验从源头上尽可能消除或减少有毒、有害化学物质对环境的影响。化学实验教学要体现绿色化学思想，必须从化学实验的设计开始。在化学实验设计中遵循绿色化原则，要从化学反应的原料、化学反应的条件、化学反应的产物，以及化学实验的操作等化学实验的全过程贯彻绿色化学思想。

三、 高中化学实验分类

随着科学技术的进步与发展，化学实验设备、实验方法和实验手段在不断更新，对化学实验进行分类、掌握各类实验的基本要求十分必要。现行普通高中化学教科书中包括 18 个学生必做实验、73 个随堂实验、52 个拓展实验。根据化学实验的主要特征或本质属性，可以从不同的视角对其进行分类。高中化学实验常见的分类标准和分类情况如下。

1. 根据实验主体来划分， 将化学实验分为演示实验和学生实验

演示实验是由教师在教学过程中为配合化学教学内容的教授而面向全体学生进

行示范操作的一种教学实验。它历史久远，运用广泛，是化学教学中基本的实验教学形式之一。

学生实验是由学生在课堂上或实验室中为完成实验课题而自己动手操作的一种实验活动。在化学教学中，学生实验还有一些具体的表现形式，如随堂实验（或称"边讲边实验"）、实验室实验和实验设计等。

演示实验和学生实验是根据化学教学中实验主体的不同而进行的一种人为划分。新课标中没有刻意进行这样的分类，教师可根据所在学校和学生的特点，自行决定某一个实验作为演示实验还是学生实验。根据新课标理念，我们倡导学生亲自动手完成实验，倡导"做中学""用中学""创中学"。

2. 根据实验活动的方式来划分，将化学实验分为验证性实验和探究性实验

验证性实验是指实验者对研究对象有了一定的了解，并形成了一定的认识或提出了某种假说，为验证这种认识或假说而进行的一种以验证实验结果、巩固知识内容、培养实验操作能力为目的的重复性实验。此类实验强调实验操作和观察等个别实验技能，强调快速获得学科知识。如氯气、氨气的实验室制备实验，其主要实验目的是学习实验室制备氯气、氨气的方法，加深对氯气、氨气性质的认识。

探究性实验是指实验者在不知晓实验结果的前提下，在观察和实验的基础上，通过科学抽象获得结论的一种实验。该类实验有助于学生对化学实验的整体性把握，有利于学生通过高水平的探究活动，认识并赞赏化学在社会发展中的重大贡献，发展综合分析、解决问题的能力，培养化学学科思维。探究性实验内容多源自社会生活中与化学相关的热点问题，如测定雨水的 pH、自主设计制作元素周期表、设计制作简易即热饭盒、暖贴的设计与制作等。

为有效提升学生的化学学科核心素养，在教学过程中教师有必要适当增加探究性实验，或将一些验证性实验改成探究性实验，但应充分认识这两类实验在化学教学中的作用，合理平衡这两类实验的比例，根据学情和教学需要充分发挥这两类实验的教学功能。

3. 根据技能认知目标的要求来划分，将化学实验分为体验型实验、应用型实验和创新型实验

体验型实验有一定的参照标准，学生能够通过这些参照标准判断自己操作的恰当性。具体的实验操作往往是在教师的指导下完成，或重复教师的实验操作。如药品的取用、仪器的洗涤、气体的收集、溶液的配制、物质的分离，以及各种元素及其化合物的性质实验等均属于此类实验。

应用型实验要求学生能够根据具体的情境选取合适的动作进行操作，并且在实

际操作过程中能调整自己的操作行为，以适应具体情境的需要。该类实验可以使学生的操作技能有较大的提升，如探究氯水的成分和性质，探究 Fe^{2+} 和 Fe^{3+} 的相互转化，探究淀粉的水解程度，用简单的实验方法区分棉花、羊毛和合成纤维（如腈纶）织成的布料等均属于此类实验。

创新型实验旨在考查学生的创造能力，要求学生依据具体的实验目的设计一系列的操作，以满足具体情境的要求。该类实验一般要求学生在实验和观察的基础上，通过抽象逻辑思维归纳和概括出结论，从而形成理性认识。例如，教师以进行微项目研究、开展课题研究等形式提出相关任务，通过真实情境素材，科学地引导学生通过查阅资料、设计方案、动手实验等方式，运用所学知识和科学的研究方法解决相关问题。《普通高中教科书　化学　必修　第二册》第六章第一节中的"研究与实践——了解车用能源"要求学生从不同角度分析、比较不同燃料和能量转化方式的优劣，以深入体会国家大力开发新的车用能源的重要意义。

4. 根据使用的实验方法或手段来划分，将化学实验分为定性实验和定量实验

定性实验是用来判定实验对象具有哪些性质、某种因素是否存在、某种因素是否起作用、某些因素之间是否具有某种联系、测定某些物质的定性组成、探讨研究对象具有怎样的内部结构等所进行的实验。如为了判定某物质是否具有某种性质，用实验方法鉴定该物质中含有哪些元素、离子、原子团和官能团所进行的实验就属于定性实验。

定量实验是指为了深入了解物质和自然现象的量的特征，揭露各因素之间的数量关系，确定某些因素的数值等而进行的实验。如配制一定物质的量浓度的溶液、中和反应反应热的测定、强酸与强碱的中和滴定等都属于定量实验。

定量实验往往能把定性实验的内容包含于自身之中，起到定性分析的作用；另外，定量实验能够具体地从量上来测定对象所具有的某种性质或者它们的数量关系。因此，通过定量实验一方面能把规律揭示得比较具体，另一方面容易发现和认识未知的事实和现象。将定量实验与数学方法相结合，是现代自然科学进步的显著特征之一。

还可以根据完成实验的时间、地点和内容的来源来划分，将化学实验分为课内实验与课外实验等。

第 二 章

化学教科书实验目录

依据实验教学的主体和形式，将现行普通高中化学教科书中的实验划分为必做实验、随堂实验和拓展实验。依据新课标要求，现行普通高中化学教科书中共有 18 个学生必做实验（见表 2-1 至表 2-5）、73 个随堂实验（见表 2-6 至表 2-10）和 52 个拓展实验（见表 2-11 至表 2-15）。依据实验目的和内容，可将现行普通高中化学教科书中的实验划分为制备实验、物质检验实验、物质分离提纯实验、性质实验、定量实验、探究实验、综合实验等类别。依据教学难度的高低，将教学要求划分为 a、b、c 三个档次，a 档较容易或要求较低，c 档较难。

现行普通高中化学教科书中的实验分类统计情况如下。

一、必做实验

表 2-1　《普通高中教科书　化学　必修　第一册》必做实验统计表

序号	实验名称	实验类型	教学要求
1	配制一定物质的量浓度的溶液	定量实验	b
2	铁及其化合物的性质	性质实验	b
3	同周期、同主族元素性质的递变	探究实验	c

表 2-2　《普通高中教科书　化学　必修　第二册》必做实验统计表

序号	实验名称	实验类型	教学要求
1	用化学沉淀法去除粗盐中的杂质离子	物质分离提纯实验	b

序号	实 验 名 称	实 验 类 型	教 学 要 求
2	不同价态含硫物质的转化	性质实验	b
3	化学能转化成电能	综合实验	c
4	化学反应速率的影响因素	探究实验	c
5	搭建球棍模型认识有机化合物分子结构的特点	探究实验	a
6	乙醇、乙酸的主要性质	性质实验	b

表 2-3　《普通高中教科书　化学　选择性必修 1　化学反应原理》必做实验统计表

序号	实 验 名 称	实 验 类 型	教 学 要 求
1	探究影响化学平衡移动的因素	探究实验	c
2	强酸与强碱的中和滴定	定量实验	c
3	盐类水解的应用	性质实验	b
4	简单的电镀实验	综合实验	b
5	制作简单的燃料电池	综合实验	b

表 2-4　《普通高中教科书　化学　选择性必修 2　物质结构与性质》必做实验统计表

序号	实 验 名 称	实 验 类 型	教 学 要 求
1	简单配合物的形成	制备实验	b

表 2-5　《普通高中教科书　化学　选择性必修 3　有机化学基础》必做实验统计表

序号	实 验 名 称	实 验 类 型	教 学 要 求
1	乙酸乙酯的制备与性质	综合实验	c
2	有机化合物中常见官能团的检验	性质实验	b
3	糖类的性质	性质实验	b

二、随堂实验

表 2-6　《普通高中教科书　化学　必修　第一册》随堂实验统计表

实 验 序 号	实 验 名 称	实 验 类 型	教 学 要 求
1-1	$Fe(OH)_3$ 胶体的制备及丁达尔效应	制备实验	b
1-2	试验物质的导电性	探究实验	a
1-3	Na_2SO_4 稀溶液与 $BaCl_2$ 稀溶液的反应	性质实验	b
2-1	钠的保存及物理性质	性质实验	a

续表

实验序号	实验名称	实验类型	教学要求
2-2	钠在空气中燃烧	性质实验	b
2-3	过氧化钠与水反应	性质实验	b
2-4	Na_2CO_3 与 $NaHCO_3$ 的部分性质比较	性质实验	b
2-5	Na_2CO_3 与 $NaHCO_3$ 的热稳定性比较	性质实验	b
2-6	焰色试验	物质检验	b
2-7	H_2 在 Cl_2 中燃烧	性质实验	b
2-8	次氯酸的漂白性	性质实验	b
2-9	氯离子的检验	物质检验	b
2-10	配制 100 mL 1.00 mol/L NaCl 溶液	溶液配制实验	b
3-1	$Fe(OH)_3$ 和 $Fe(OH)_2$ 的生成	制备实验	b
3-2	用 KSCN 溶液检验 Fe^{3+} 的存在	性质实验	b
3-3	Fe^{3+} 的还原与 Fe^{2+} 的氧化	性质实验	b
3-4	Al 与盐酸反应	性质实验	b
3-5	Al 与 NaOH 溶液反应	性质实验	b
4-1	卤素单质的氧化性比较	探究实验	c

注："实验序号"栏中的数字表示第×章第×个实验，如"1-3"表示"第一章第 3 个实验"。下同。

表 2-7　《普通高中教科书　化学　必修　第二册》随堂实验统计表

实验序号	实验名称	实验类型	教学要求
5-1	二氧化硫与水反应	性质实验	b
5-2	二氧化硫的漂白作用	性质实验	b
5-3	浓硫酸与铜反应	性质实验	b
5-4	硫酸根离子的检验	物质检验	b
5-5	二氧化氮溶于水的实验	性质实验	b
5-6	氨溶于水的喷泉实验	性质实验	b
5-7	铵根离子的检验	物质检验	b
5-8	硝酸与铜反应	性质实验	b
6-1	盐酸与镁反应前后溶液的温度变化	综合实验	b
6-2	$Ba(OH)_2 \cdot 8H_2O$ 晶体与 NH_4Cl 晶体反应	性质实验	b
6-3	单液铜锌原电池实验	综合实验	b
7-1	甲烷与氯气反应	性质实验	b
7-2	乙烯的氧化反应	性质实验	b
7-3	乙烯与溴反应	性质实验	b
7-4	乙醇与钠反应	性质实验	b
7-5	乙醇的催化氧化	性质实验	b

实验序号	实 验 名 称	实验类型	教学要求
7-6	乙酸乙酯的制备实验	制备实验	b
7-7	葡萄糖与氢氧化铜反应及葡萄糖的银镜反应	性质实验	b
7-8	淀粉与碘反应及淀粉的水解	性质实验	b
7-9	蛋白质的变性、显色反应及灼烧	性质实验	b

表 2-8　《普通高中教科书　化学　选择性必修 1　化学反应原理》随堂实验统计表

实验序号	实 验 名 称	实验类型	教学要求
2-1	浓度对化学平衡的影响	探究实验	c
2-2	压强对化学平衡的影响	探究实验	c
2-3	温度对化学平衡的影响	探究实验	c
3-1	强弱电解质的比较	定量实验	c
3-2	醋酸电离平衡常数与碳酸一级电离平衡常数的比较	定量实验	c
3-3	氢氧化镁沉淀的溶解	性质实验	b
3-4	氯化银沉淀的形成与转化	性质实验	b
3-5	氢氧化镁沉淀的形成与转化	性质实验	b
4-1	双液铜锌原电池的工作原理	综合实验	b
4-2	氯化铜溶液的电解	综合实验	b
4-3	铁钉的吸氧腐蚀及原电池原理对化学反应速率的影响	探究实验	c
4-4	牺牲阳极法实验	探究实验	c

表 2-9　《普通高中教科书　化学　选择性必修 2　物质结构与性质》随堂实验统计表

实验序号	实 验 名 称	实验类型	教学要求
3-1	用不同途径得到晶体	性质实验	a
3-2	观察几种固体及其溶液的颜色	性质实验	a
3-3	向硫酸铜溶液中加入氨水和乙醇	性质实验	b
3-4	观察硫氰化铁配离子的颜色	性质实验	a
3-5	向氯化钠溶液中滴加硝酸银溶液和氨水	性质实验	b

表 2-10　《普通高中教科书　化学　选择性必修 3　有机化学基础》随堂实验统计表

实验序号	实 验 名 称	实验类型	教学要求
1-1	钠与乙醇和水的反应对比	性质实验	b
2-1	苯与酸性高锰酸钾溶液和溴水的混合	性质实验	b
2-2	苯和甲苯的性质对比	性质实验	b
3-1	溴乙烷的水解反应	性质实验	b

实验序号	实验名称	实验类型	教学要求
3-2	乙醇的消去反应	性质实验	b
3-3	乙醇与酸性重铬酸钾溶液的反应	性质实验	b
3-4	苯酚的酸性	性质实验	b
3-5	苯酚与溴反应	性质实验	b
3-6	苯酚与氯化铁反应	性质实验	b
3-7	乙醛的银镜反应	性质实验	b
3-8	乙醛与氢氧化铜反应	性质实验	b
4-1	葡萄糖的银镜反应及葡萄糖与氢氧化铜的反应	性质实验	b
4-2	纤维素的水解实验	性质实验	b
4-3	蛋白质的盐析	性质实验	b
4-4	蛋白质的变性	性质实验	b
4-5	蛋白质与浓硝酸的显色反应	性质实验	b
5-1	酚醛树脂的制备	制备实验	b

三、 拓展实验

表 2-11　《普通高中教科书　化学　必修　第一册》拓展实验统计表

章节序号	实验名称	实验类型	教学要求
2-1	钠与水的反应	探究实验	c
2-2	验证次氯酸光照分解产物的数字化实验	综合实验	b
	氯气的实验室制备	制备实验	b
3-1	铁粉与水蒸气反应	性质实验	b
	实验室制备氢氧化亚铁	制备实验	c
	利用覆铜板制作图案	探究实验	c
	检验食品中的铁元素	物质检验实验	c
4-1	碱金属化学性质的比较	探究实验	c
4-2	第三周期元素性质的递变	探究实验	c

注："章节序号"栏中的数字表示第×章第×节，如"3-1"表示第三章第一节中的拓展实验。下同。

表 2-12　《普通高中教科书　化学　必修　第二册》拓展实验统计表

章节序号	实验名称	实验类型	教学要求
5-1	不同价态含硫物质的转化	探究实验	c
	浓硫酸与蔗糖反应	性质实验	b

章节序号	实　验　名　称	实验类型	教学要求
5-2	氨气的实验室制备	制备实验	b
	氨气与氯化氢反应	性质实验	b
	测定雨水的 pH	探究实验	c
6-1	简易电池的设计与制作	探究实验	c
6-2	影响化学反应速率的因素	探究实验	c
7-2	烃的分子结构	探究实验	c
7-3	乙酸的酸性	性质实验	c
8-2	实验验证抗酸药的有效成分	探究实验	c
	豆腐的制作	综合实验	c

表 2-13　《普通高中教科书　化学　选择性必修 1　化学反应原理》拓展实验统计表

章节序号	实　验　名　称	实验类型	教学要求
1-1	中和反应反应热的测定	探究实验	c
2-1	定性与定量研究影响化学反应速率的因素	探究实验	c
2-3	气体的自发扩散过程	性质实验	a
3-1	镁与盐酸、醋酸反应比较	探究实验	c
3-2	用 pH 计测量溶液的 pH	探究实验	a
3-3	盐溶液的酸碱性	探究实验	c
	反应条件对 $FeCl_3$ 水解平衡的影响	探究实验	c
4-3	暖贴的设计与制作	探究实验	c

表 2-14　《普通高中教科书　化学　选择性必修 2　物质结构与性质》拓展实验统计表

章节序号	实　验　名　称	实验类型	教学要求
2-2	用红外光谱法初步测定未知物质的结构	探究实验	b
	用质谱法测定分子的相对分子质量	探究实验	b
	制作分子的空间结构模型	探究实验	b
2-3	溶解性	探究实验	c
3-1	通过晶体 X 射线衍射实验测定晶体结构	探究实验	b
3-2	镁与二氧化碳反应	性质实验	b
3-3	明矾晶体的制备	制备实验	c

表 2-15　《普通高中教科书　化学　选择性必修 3　有机化学基础》拓展实验统计表

章节序号	实　验　名　称	实验类型	教学要求
1-1	重结晶法提纯苯甲酸	探究实验	c

章节序号	实 验 名 称	实 验 类 型	教 学 要 求
1-1	蒸馏	物质分离提纯实验	a
	萃取	物质分离提纯实验	a
	色谱法	物质分离提纯实验	a
	元素定量分析	定量实验	a
	质谱法	探究实验	a
	红外光谱测定有机化合物的结构	探究实验	a
	核磁共振氢谱测定有机化合物的结构	探究实验	a
	X 射线衍射测定有机化合物的结构	探究实验	a
2-2	乙炔的化学性质	探究实验	c
3-1	1-溴丁烷的化学性质	探究实验	c
3-4	羧酸的酸性	探究实验	c
	探究酯化反应的机理	探究实验	c
	乙酸乙酯的水解	探究实验	c
	自制肥皂	制备实验	c
4-1	糖类的还原性	探究实验	c
5-2	高吸水性树脂的吸水性能	探究实验	c

第 三 章

化学实验教学建议

一、 化学实验教学策略建议

科学开展化学实验教学有利于激发学生的化学学习兴趣，帮助学生更好地理解某些较抽象的化学知识，促进学生更好地构建知识体系，充分发挥化学实验的育人功能。

1. 激发学习兴趣的策略

开足、开好演示实验和学生实验活动。利用演示实验加强直观教学，激发学生的兴趣，促进学生积极、主动地去观察实验、获取知识。倡导学生亲自动手实验，观察实验现象，完成实验过程，感受化学的神奇，从而产生操作的兴趣。同时实验的成功也能进一步激发学生的求知欲。

采用多元化的实验教学模式。有的实验可以让学生深入社区，走进化工厂开展采访、调查；有的实验可以让学生和环保部门一起开展环境测试和环境保护活动；有的实验可以以小组形式来开展；有的实验可以由学生自选材料在课外或家中完成。不同的实验采取不同的活动模式，可以多维度调动学生的探究兴趣和创造意识，促使学生喜欢化学、热爱化学。

增强化学实验的生活性和趣味性。选择与日常生活、工业生产联系紧密的问题情境来激发学生的探究兴趣，发展学生探究化学问题的意识，帮助学生学会探究化学问题的方法，比如"检验食品中的铁元素""豆腐的制作""食盐中碘元素的检验"

等。用生活中随手可用的瓶瓶罐罐或者自制的小装置代替专业的化学仪器，用日常生活用品代替化学试剂，可以使化学实验变得轻松随意且趣味十足，如用咖喱粉、植物花朵、紫色卷心菜汁作为酸碱指示剂，用废旧的铁片、铝片（易拉罐）代替金属铁、铝等。

2. 创设问题情境的策略

深入挖掘实验内涵，针对实验的每一个环节，从时间进程、空间位置、操作顺序等创设问题情境，设问质疑，激发学生探求未知的积极性和主动性，培养学生良好的观察能力、思维能力。对其中操作复杂、现象不明显的实验进行改进与创新，可以激发学生的创新意识和创造能力。对实验过程中出现的"异常"现象进行探究，可以引发学生的探究兴趣，培养学生科学研究的能力和高阶思维。

紧密联系生产和生活实际，创设真实且富有价值的问题情境。真实的 STSE（科学，技术，社会，环境）问题和化学史实等都是有价值的情景素材，如"不同水果、蔬菜中维生素 C 的含量的比较""室内甲醛气体含量的简易测定""苯的发现之旅"等。创设的问题不能脱离学生的知识和技能水平，应该是学生通过查阅文献、设计方案、实验探究等努力后能解决的，这样的问题解决过程才能使学生的化学学科素养得到提升。

善于运用实物、图片、模型和信息技术等多种途径为学生创设发现和提出问题的情境，激发学生探索的热情，增进学生对科学本质的理解。对于比较复杂且具有一定层次结构的问题，则必须进行分解：先把问题分为几个大的方面，然后从每个方面引出新的问题，层层递进，直到问题与已知的知识建立联系，进而找到解决问题的方法。

3. 指导规范操作的策略

教师要正确示范实验操作。教师对每一个演示实验的操作都要烂熟于心，动作规范、准确、干净利落，还要适时、及时地用简练、准确的语言描述实验过程，以促进学生对实验操作的理解，增强演示实验的示范功能。对于首次接触的仪器或难度较大的实验操作，教师应放慢示范的速度，并强调注意事项，力争让每一位学生都能清楚地观看到实验操作过程。对于成套的装置，教师必须剖析、示范每一个操作技能，一举一动必须规范、准确、协调。必要时还可以播放实验操作录像，使学生对实验操作更加熟悉。

学生要严格训练实验技能。初学者要学会和掌握实验技能，要经历模仿—独立操作—熟练操作的过程。教师示范后可以让学生上台演示。有条件的，可以教师边演示，学生边模仿。对于学生分组实验，有条件的，可以两人一组，给每个学生都提供亲自动手实验的机会；若条件不允许，可根据学生的学科基础、性格特点等对学生进行合理分组（小组成员之间要能互补、互助、互促），使小组人数尽可能少一些。实验过程中，教师要不断巡堂，及时发现问题并给予指导；如果是共性问题，则应面向全班讲解、纠正错误。

学校要科学评价实验教学。学校要制定科学的评价体系，通过化学实验教学评价，了解教师的教与学生的学，进一步调动教师的教学积极性，激发学生的学习主动性，从而提高化学实验教学的有效性。要分别制定演示实验、学生实验的教学评价指标，评价内容应包括每个实验的常规项目和根据实验内容确定的具体项目的评价指标，其目的是督促学生在实验中规范操作，掌握操作要领。评价标准既不能高不可攀，也不应轻而易举，要确保通过师生的共同努力，绝大多数的学生能达到优良的等级。评价可采用自评与他评相结合，学校应听取学生的评价意见，及时将评价结果反馈给教师，促使教师明确自己在实验教学中的长处与不足。

4. 启发学生思维的策略

科学设计问题情境是培养学生思维能力的基本途径。解决问题是思维的目标。教师要善于从化学史料、科技前沿、生产生活的实际问题中精选素材，通过实物、图片、模型和影像资料等多种途径，为学生创设发现问题和提出问题的情境，激发学生的学习兴趣，引导学生积极思考，帮助学生通过意义建构获得知识，发展演绎推理、系统假设等思维能力。

课堂提问是培养学生思维能力的有效手段。对话是思维的阶梯。教师要营造和谐的氛围，鼓励学生大胆猜想、质疑、勇于求异，主动发现和提出问题，让问题成为学生感知和思维的对象，使学生在问题中求知、在问题中发展。教师要留给学生独立思考、独立发现和提出问题的时间和空间，引导学生在阅读、实验探究的过程中发现和提出问题。教师要鼓励学生对所发现的问题以口头或书面的形式加以表达。对于学生提出的问题，教师要及时进行指导。

实验现象分析是培养学生思维能力的重要方法。解释是思维的结果。教学中应注重运用实验、事实、数据等证据素材，帮助学生转变认识偏差；注重组织学生开展概括、关联、比较、说明、推论、预测、设计、论证等活动，把通过观察得到的感性认识上升到理性思维。教师应引导学生思考实验现象与本质的关系，培养学生的系统思维能力，从而提升学生的宏观辨识与微观探析、变化观念与平衡思想、证据推理与模型认知等化学学科核心素养。

5. 因人因地制宜的策略

根据具体实验内容科学合理地组织实验教学。化学基本操作实验，要始终严格要求，突出操作的规范性；物质的制备和性质实验，要求实验现象必须鲜明、直观，以利于学生加深对物质性质的理解和记忆；揭示化学基本概念和原理的实验，则力求装置简单、操作方便，以利于学生顺利完成实验；结合生产和生活实际应用的实验，不必过于追求"全面模拟"生产过程，而要紧密结合化学反应原理，关注重点装置，回避不必要的技术细节；科学探究性实验，要采用多种形式，从不同水平层次加强对学生探究活动过程中的方法指导，根据具体的探究内容有的放矢地培养学生的科学探究能力。

根据学生的知识与实验技能水平灵活运用不同的教学模式。在化学实验教学初期，教师要善于利用学生想模仿的心理，对学生进行必要的实验操作训练；随着化学实验教学的不断深入，教师要引导学生把注意力和兴趣放在全面、仔细观察实验现象及对实验原理的理解上。实验过程中，教师既要照顾到全体学生的实验进度，又要对"两头"的学生做好重点指导，不仅要使基础较好的学生更进一步，而且要使基础较薄弱的学生顺利完成任务。

根据学校实验教学条件和地区可利用的实验资源安排实验教学。有条件的学校应尽可能多地为学生提供动手做实验的机会；条件有限的学校可采取教师演示实验或利用替代品进行实验，鼓励开展微型实验、家庭小实验。注重发挥现代信息技术的作用，积极探索现代信息技术与化学实验的深度融合，创造条件让学生接触一些先进的实验仪器和设备，添加一些教育价值较高、贴近日常生活、趣味性强、具有学校或地区特色的实验内容，增加化学实验的时代气息，推动中学化学实验现代化的进程。

6. 鼓励评价与创新的策略

学生对实验方案或实验过程的评价是更高层次的学习。同一个实验问题，可以设计出多种实验方案，要鼓励学生对不同的实验方案进行对比分析、科学评价，选取最优的实验方案。实验方案优选的标准：实验效果好；实验操作安全、卫生；实验装置简单，药品用得少；实验步骤少、易操作；实验时间短；实验教育价值高，创新性好，能启迪学生的创造性思维，培养学生的创新精神和创新能力。[①] 对于已完成的实验，要引导学生从实验原理、装置、效果与实验目的及要求等方面进行分析，认识实验的成功、不足及可能存在的问题，并且提出改进方案。

创新是完善化学实验教学的必经之路。中学化学教科书中的实验还需要进一步改进与创新，如过多的验证性实验、安全性能不高的实验、缺乏环保措施的开放性实验、成功率不高的实验、现象不明显的实验等，都需要改进和创新。此外，还需要增加一些密切联系日常生产生活，有利于培养学生化学学科素养的实验。要正确

---

① 文庆城. 化学实验教学研究 ［M］. 北京：科学出版社，2005.

理解继承与创新的关系，不能不切实际地放大细微因素对实验结果的影响，把原来简单易行的实验改得很复杂；不能过分强调实验的绿色环保，而忽略学生对有毒气体的气味的适当体验；不能一味追求实验的微型化，而导致学生无法清楚地观察到实验现象；不能过多地使用生活用品代替化学仪器，而导致学生对传统实验仪器的忽视；不能片面追求综合实验，而使实验装置复杂、实验原理难懂，给学生的观察和思考带来障碍。

二、 化学实验教学方法建议

1. 充分认识化学实验的育人价值

任何一门学科在落实立德树人根本任务方面都有其特定的功能，都应体现学科特定的态度、知识、能力、价值观和问题解决方式，充分发挥学科独特的育人理念与方法[①]。化学学科中的化学实验能让学生真实感受到人类在探索物质变化规律过程中所积累的经验和智慧，是实现知识教学与立德树人相结合、促进学生德智体美劳全面发展的有效途径。

化学实验可以促进学生"德育"的发展。"育人为本，德育为先"，促进学生德性发展是教育的首要任务。学生在化学实验中能建立与完善正确的价值观与科学意识。在实验开始前，学生必须了解实验的目的与原理，尊重科学伦理，学习科学道理，体会学科价值；在实验室中，学生必须遵守实验室的各项规章制度，理解安全制度建立的原因，树立安全理念和环保理念；在实验过程中，学生依据科学的实验指导，细心操作、细致观察、认真分析，培养严谨的科学态度；在小组实验的过程中，学生之间相互讨论、合作，为同一目标而奋斗，培养团队意识，增强协作能力。

化学实验可以促进学生"智育"的发展。新课标中强调重视开展以"素养"为本的教学，相较于知识的获取，学生智育的发展更体现在关键能力与思维方法的共同进步上。学生在进行化学实验设计的过程中，需要明晰化学原理、分析与预测可能的实验现象，提升理解与辨析能力、分析与推测能力；学生在化学实验过程中，需要依据宏观实验现象辨析本质原因，要针对新的实验现象提出疑问并深入探究，提升宏微结合的能力及探究与创新能力；学生在实验后书写实验报告的过程中，需要总结实验现象，厘清现象之间的逻辑关系并得出合理的实验结论，提升归纳与论证的能力。

---

① 石中英. 推进新时代普通高中育人方式改革要处理好三个关系 [J]. 中国教育学刊，2019（9）.

化学实验可以促进学生"体育"的发展。学生"体育"的发展包括身体健康和心理健康的长期养成。首先，学生必须认识到化学对人类生产生活的重要作用，人们的衣食住行样样离不开化学。在开展化学实验的过程中，学生必须严格规范操作，学会保护自己的身体健康，逐步养成良好的健康行为习惯。化学实验通常是复杂动作的组合，学生在思考的同时需要手眼并用、协调个体动作，并且在一次次的不规范操作与实验失败中坚持不懈地重复练习，直至符合实验规范与达到实验目的。这个过程也是对心理的磨砺，能有效促进学生"体育"的进一步发展。

化学实验可以促进学生"美育"的发展。化学实验既有外在的绚烂之美，又有内在的过程与探索之美。学生通过化学实验可以观察到化学变化之美，感受到化学对世界的改变之美；学生在实验过程中可以体会到实验仪器之美、实验操作之美、实验设计之美、科研工作者的探究精神之美和严谨态度之美。

化学实验可以促进学生"劳育"的发展。劳动教育的重要目的，是让学生有幸福生活的能力，让学生懂得幸福生活建基于辛勤劳动之上。化学实验是化学工作者（学习者）的一种特殊劳动形式。学生在化学实验中手脑并用解决真实的化学问题，体验与化学相关的材料、环境、能源、医药等行业的职业劳动习惯、劳动价值和劳动观念；学生还能通过化学实验进一步尊重并理解化学工作者的精益求精、实事求是、坚持不懈、探索不止的劳动精神。

2. 悉心指导学生掌握实验操作基本技能

培养学生的实验操作基本技能是化学实验教学重要的目标之一，教师应当有计划、有步骤地帮助学生掌握规范的实验操作技能。对于每项新学的实验操作，教师应亲自操作、示范讲解，并明确要求；在学生动手操作时，教师要及时指导，纠正学生的错误操作。对于操作复杂或操作难度较高的实验，教师应将操作分解后分步讲解，并创造尽可能多的机会让学生操作练习，以提升学习效果。

（1）蒸馏

蒸馏就是将液态物质加热到沸腾变为蒸气，又将蒸气冷凝为液体这两个过程的联合操作。利用蒸馏可将沸点相差较大（如相差 30 ℃）的液态混合物分离开来。蒸馏时，沸点较低的物质先蒸出，沸点较高的物质后蒸出，难挥发的物质则留在蒸馏器内，这样就可以达到分离和提纯的目的。

常用的蒸馏装置（见图 3-1）由酒精灯、蒸馏烧瓶、温度计、冷凝管、牛角管、锥形瓶等组成。要根据蒸馏物的量选择规格合适的蒸馏烧瓶，蒸馏物的体积一般不要超过蒸馏烧瓶容积的 2/3，也不要少于 1/3。通常使温度计的水银球的上缘恰好与蒸馏烧瓶支管口的下缘在同一水平线上，确保在蒸馏时水银球完全被蒸气所包围，以便准确测量蒸气的温度。冷凝水应从冷凝管的下口流入，上口流出，以保证冷凝管的套管中始终充满水。用不带支管的牛角管时，牛角管与锥形瓶之间不可用塞子连接，以免形成封闭系统，致使系统压力过大而发生爆炸。所用仪器必须清洁干燥，规格合适。

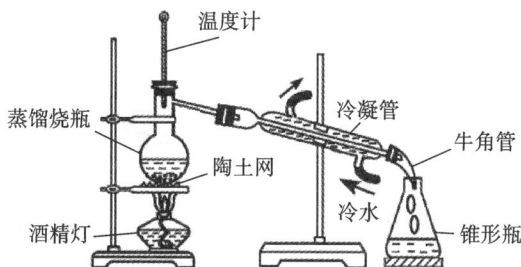

图 3-1　蒸馏

加料时，将待蒸馏液体通过漏斗小心加到蒸馏烧瓶中，加入几粒助沸物（如素烧瓷片或沸石），以防止暴沸。在任何情况下，切忌将助沸物加至已受热接近沸腾的液体中。如蒸馏中途停止，后来需要继续蒸馏，则必须在加热前补添新的助沸物，才能确保安全。加入助沸物后塞好带温度计的塞子，接通冷凝水，再一次检查仪器各部分连接是否紧密和妥善，然后开始加热，使液体沸腾。控制加热温度（温度不能太高，也不能太低），调节蒸馏速度，通常以每秒 1～2 滴为宜。在蒸馏过程中，应使温度计的水银球上常有被冷凝的液滴。收集时，应弃去先蒸出来的馏液（常含较多杂质），当温度趋于稳定时更换洁净的接收瓶接收。当不再有馏液蒸出且温度突然下降时停止蒸馏。蒸馏完毕先停止加热，后停止通水，拆卸仪器的顺序与装配的顺序相反。

（2）萃取和分液

萃取包括液-液萃取和固-液萃取。液-液萃取是利用待分离组分在两种不互溶的溶剂中的溶解度不同，将其从一种溶剂转移到另一种溶剂中的过程。将萃取后两种互不相溶的液体分开的操作叫分液。分液常要使用分液漏斗。

选择合适的萃取剂是成功分离和纯化物质的关键，正确选择萃取剂应遵循以下几点：

①萃取剂与原溶剂不溶或几乎不溶；

②萃取剂不与混合物中的组分发生不可逆的化学反应；

③被萃取物在萃取剂中的溶解度大，而其他组分在其中的溶解度小；

④萃取剂沸点不宜太高，易通过蒸馏等方法从溶液中除去。

此外，萃取剂的化学稳定性好、价格便宜、毒性小、相对密度适当、操作方便等也是考虑的因素。常用的萃取剂有乙醚、石油醚、戊烷、己烷、四氯化碳、氯仿、二氯甲烷、二氯乙烷、甲苯、乙酸乙酯、醇等。

萃取时，先要检查分液漏斗的玻璃塞与活塞是否渗漏，确认不漏水时方可使用。

图 3-2　萃取振荡

将要萃取的溶液和萃取剂（一般为溶液体积的 1/3）依次自上口倒入分液漏斗中，然后塞紧玻璃塞。用右手压住分液漏斗的玻璃塞，左手握住活塞部分，把分液漏斗倒转过来振荡，使两种液体充分接触（见图 3-2）。

在振荡过程中应注意不断放气，以避免振荡时因内部压力过大，造成分液漏斗的玻璃塞被顶开而致使液体喷出。放气时将分液漏斗的下口向上倾斜，使液体集中于下面，打开活塞放气（注意不要对着人或火源）。一般振荡两三次放一次气，如此重复操作，直至分液漏斗内只有很小的压力后再用力振荡 2～3 min，然后将分液漏斗放在铁架台上静置。待液体分层后，打开上口的玻璃塞或使玻璃塞上的凹槽（或小孔）对准分液漏斗颈上的小孔，再将分液漏斗下口的活塞打开，使下层液体慢慢流出，然后关闭活塞，将上层液体从分液漏斗的上口倒出。

用乙醚萃取时应特别注意周围不要有明火，摇荡时要用力小、时间短、多摇多放气，否则漏斗中气体压力过大，会使液体冲出而造成事故。

（3）重结晶

重结晶是利用混合物中各组分在某种溶剂中的溶解度不同，或在同一溶剂中不同温度时的溶解度不同，将晶体用溶剂加热溶解后，又重新形成晶体析出的过程。

重结晶首先要选择适当的溶剂。所选溶剂应符合下列条件：

①与被提纯的物质不发生化学反应；

②被提纯的物质应易溶于热溶剂中，而在冷溶剂中几乎不溶，冷却后易于结晶；

③杂质在此溶剂中的溶解度很大（杂质留在母液中不随被提纯物的晶体析出，以便分离）或很小（可趁热过滤除去杂质）；

④溶剂的沸点要适中。若沸点过低，被提纯物质的溶解度改变不大，难以分离；若沸点过高，附着于晶体表面的溶剂不易除去；

⑤价廉易得，毒性低，回收率高，操作安全。

将待重结晶的物质放入锥形瓶中（它的瓶口较窄，溶剂不易挥发，又便于振荡），加入比需要量稍少的溶剂，加热至微微沸腾。若仍有固体未溶解，则在保持沸腾的状态下逐渐添加溶剂至固体恰好溶解，最后再多加 20％的溶剂，将溶液稀释，防止在热过滤时，溶剂的挥发和温度的下降导致溶解度降低而析出结晶。但如果溶剂过量太多，则难以析出结晶，需将溶剂蒸出。

溶液中如有不溶性杂质，应趁热过滤，防止在过滤中由于温度降低而在滤纸上析出结晶。将短颈玻璃漏斗置于热水漏斗套（见图 3-3）里，在漏斗套的两壁之间注水，如果溶剂是水，可预先加热热水漏斗的侧管或边加热边过滤；如果溶剂是易燃的有机溶剂，则务必在过滤时熄灭火焰。滤液常用锥形瓶（用水作溶剂时方可用烧杯）接收，将漏斗紧贴瓶壁，把待过滤的溶液沿玻璃棒小心倒入漏斗中，并用表面皿盖在漏斗上，以减少溶剂的挥发。过滤完毕，用少量溶剂冲洗滤纸，若滤纸上析出的结晶较多，可小心地将结晶刮回锥形瓶中，用少量溶剂溶解后再过滤。

将滤液静置，使其缓慢冷却结晶，不要紧急冷却和剧烈搅动，以免晶体过细。为使结晶更完全，可用冰水冷却。如果滤液冷却后仍不结晶，可投"晶种"或用玻璃棒摩擦器壁引发晶体形成。

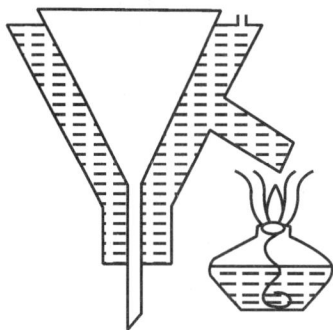

图 3-3　热水漏斗

待滤液完全冷却后滤出晶体，洗涤干燥。若结晶所得物质的纯度不符合要求，可再次重结晶。

（4）容量瓶的使用

容量瓶是细颈、梨形的平底玻璃瓶，瓶口配有磨口玻璃塞或塑料塞，常用于配制一定体积、一定浓度的溶液。瓶身上标有温度（一般为 20 ℃）和容积，表示在所指温度下，液体的凹液面与容量瓶颈部的刻度线相切时，溶液的体积恰好与瓶上标注的容积相等。常用的容量瓶的规格有 50 mL、100 mL、250 mL、1000 mL 等。

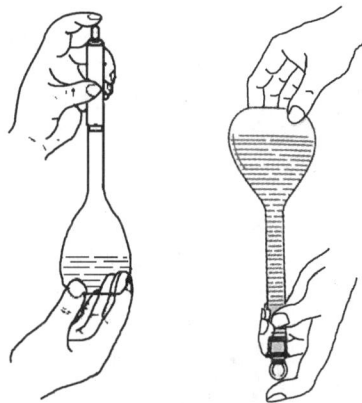

图 3-4　检查容量瓶是否漏水

使用容量瓶前应检查是否漏水。向容量瓶中加水至刻度线附近，盖好瓶塞，用左手食指按住瓶塞，其余四指握住瓶颈刻度线以上部位，右手指尖托住瓶底边缘，将瓶倒立一段时间。若不漏水，直立瓶身，将瓶塞旋转 180°后，再倒过来检查一次（见图 3-4）。

在用固体试剂配制溶液时，先准确称取一定质量的试样，在烧杯中溶解。冷却后，将溶液沿玻璃棒转移至容量瓶中。转移溶液时应将烧杯嘴紧靠玻璃棒，玻璃棒下端靠着瓶颈内壁并伸入刻度线以下，使溶液沿玻璃棒和内壁流

入。溶液全部转移完后，将烧杯沿玻璃棒上提，并直立杯身，使附着在玻璃棒与烧杯嘴之间的液滴流回烧杯中。用蒸馏水洗涤烧杯内壁和玻璃棒 2～3 次，将洗涤液也注入容量瓶中，以保证溶质全部转移（见图 3-5）。轻轻摇动容量瓶，使溶液混合均匀（切勿盖瓶塞、倒转摇动）。

继续加水至离瓶颈刻度线以下 1～2 cm 时，等待 1～2 min，使附在瓶颈上的溶液流下。用胶头滴管滴加蒸馏水至溶液的凹液面与刻度线相切。盖好瓶塞，反复上

下颠倒、摇匀（见图 3-6）。配制好的溶液要及时倒入试剂瓶，贴好标签。

若要将一种已知准确浓度的浓溶液稀释为准确浓度的稀溶液，先准确量取一定体积的浓溶液，在烧杯中稀释后转移到容量瓶中，然后按上述方法稀释到刻度线。

（5）滴定管的使用

滴定管是滴定时准确测量标准溶液体积的量器。常见的滴定管的规格有 25 mL 和 50 mL，最小刻度为 0.1 mL，可估读到 0.01 mL。滴定管分酸式滴定管（见图 3-7a）和碱式滴定管（见图 3-7b）[①] 两种。酸式滴定管下端带有玻璃活塞，用于盛放酸类溶液或氧化性溶液，不能盛放碱性溶液及对玻璃有腐蚀作用的溶液。碱式滴定管下端连接放有玻璃球的乳胶管，以控制溶液的流速，用于盛放碱性溶液。

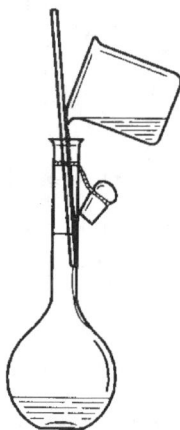

图 3-5　转移溶液

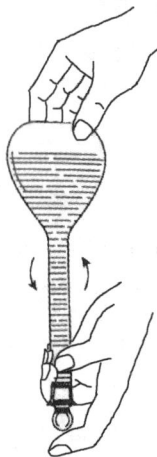

图 3-6　摇匀

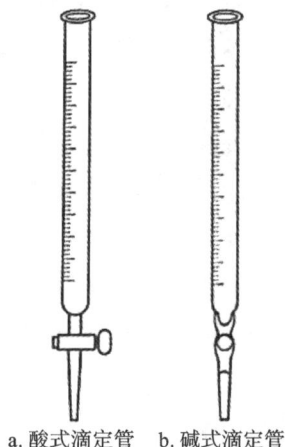

a. 酸式滴定管　b. 碱式滴定管

图 3-7　滴定管

在使用滴定管前，先要检查其是否漏水。检查方法是：用水充满滴定管，置于滴定管架上静置，观察有无水滴下，然后将活塞旋转 180°，再如前检查。如漏水应涂油（如凡士林）至不再漏水为止。碱式滴定管如果漏水，应更换玻璃球或乳胶管。

在装入溶液之前，洁净的滴定管要用所要盛装的溶液润洗。润洗方法是：从滴定管上口加入 3～5 mL 所要盛装的溶液，倾斜着转动滴定管，使液体润湿全部滴定管内壁。然后控制活塞（轻轻转动酸式滴定管的活塞，或者轻轻挤压碱式滴定管的玻璃球），将液体从滴定管下端的尖嘴处放入预置的烧杯中。重复上述操作 2～3 次。

将溶液加到滴定管 "0" 刻度以上 2～3 mL 处，并将滴定管垂直固定在滴定管架上。在滴定管下放一个烧杯，调节酸式滴定管的活塞（碱式滴定管则轻轻挤压玻璃球），使滴定管尖嘴部分充满溶液。如果酸式滴定管内部有气泡，应调节活塞，快速放液以赶走气泡；若用碱式滴定管，则把乳胶管向上弯曲，使玻璃尖嘴斜向上方，用两指捏住乳胶管，轻轻挤压玻璃球，使溶液从尖嘴处喷出，即可排走气泡（见图 3-8）。

①　使用聚四氟乙烯活塞的滴定管为酸碱通用滴定管。

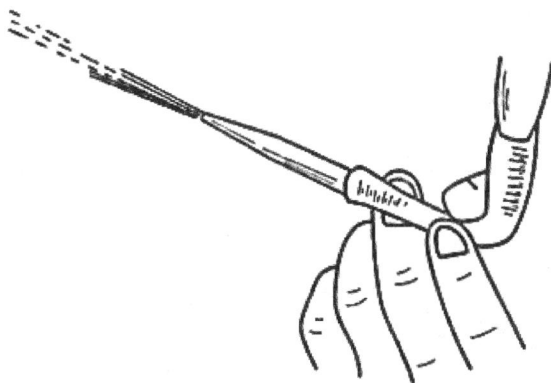

图 3-8　碱式滴定管排气泡

注入或放出溶液后，稍等 1～2 min，待附着在滴定管内壁的溶液流下来后再读数。读数时，滴定管必须保持垂直，视线必须与液面保持水平。对于无色或浅色溶液，读凹液面下缘最低点的刻度；对于深色溶液，如高锰酸钾、碘水等，读两侧最高点的刻度。

使用酸式滴定管时，用左手控制滴定管活塞，大拇指在管前，食指和中指在管后，三指平行地轻轻握住活塞柄，无名指和小指向手心弯曲，轻贴出口管（见图 3-9），注意不要将活塞顶出，以免造成漏液。滴定时，右手持锥形瓶，将滴定管下端深入锥形瓶口约 1 cm，然后边滴加溶液边摇动锥形瓶（应向同一方向旋转）。滴定速度在前期可稍快，但不能滴成"水线"，接近终点时应逐滴滴加，一滴一摇，最后应半滴半滴地加入，轻微转动活塞，使半滴溶液悬于管口，用锥形瓶内壁将其沾落，再用蒸馏水冲洗内壁。

图 3-9　酸式滴定管的活塞操作方法

使用碱式滴定管时，用左手无名指和小指夹住出口管，使出口管垂直而不摆动。用拇指和食指捏住玻璃球所在部位，向右边挤压乳胶管，使溶液从玻璃球旁的空隙处流出。注意不要用力捏玻璃球，也不要使玻璃球上下移动。

（6）升华

升华是指某些固体物质受热时，不经过液体状态直接汽化为蒸气的过程。而蒸气遇冷时不经过液态直接凝固为固体物质的过程即为凝华。利用这个过程来提纯固体物质的方法称为升华法。升华可用来除去不挥发的杂质或分离不同挥发度的固体物质。升华可得到较高纯度的产物，但因为操作时间较长，损失也较大，在实验室里只适用于较少量物质的提纯。

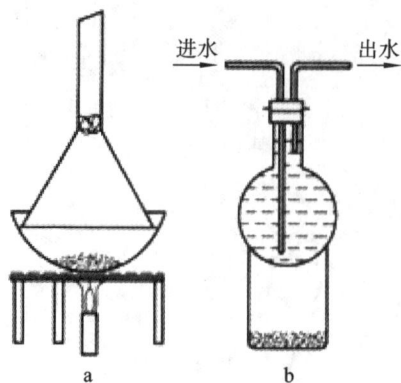

图 3-10　常见的升华装置

常见的升华装置如图 3-10 a 所示，蒸发皿中盛样品，上面用直径比蒸发皿小的漏斗覆盖。用棉花塞住漏斗颈部，以防止蒸气逃逸。在漏斗与蒸发皿之间用一张有许多小孔的滤纸隔开，以避免升华上来的物质再落回蒸发皿中。控制温度低于被升华物质的熔点，使其慢慢升华。蒸气通过滤纸小孔冷却后凝结在滤纸或漏斗壁上。当升华量较大时可用如图 3-10 b 的装置分批进行升华。

（7）气密性检查

对于体系中有气体参与的实验，在成套装置组装完毕后、装入反应物之前，必须检查装置的气密性，以确保实验的顺利进行。气密性检查的原理是使装置内与外界产生压强差，再通过产生的某种明显的现象（如液面的变化，或有无气泡产生等）来判断装置的气密性。在检查装置的气密性时，所做的操作要使装置中的气体压强产生较小的变化；若装置中的气体压强变化的幅度较大，则无法看出装置是否漏气。

常见的气密性检查方法如下。

①微热法（见图 3-11）。此类装置为最简易的制备气体的装置。对于此类装置的气密性检查，主要是依据气体受热后体积膨胀、压强增大。具体方法是：把导气管的末端浸入水中，对装置中容积较大的容器加热（用手、热毛巾捂热，或用酒精灯加热），如果观察到导气管口有气泡冒出，冷却后导气管内形成一段稳定的水柱，则表明装置的气密性良好。

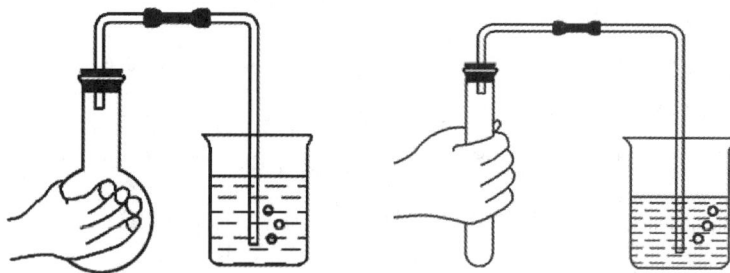

图 3-11　气密性检查（微热法）

②液差法（见图 3-12）。检查启普发生器或带有长颈漏斗的装置（见图 3-12 a、b）的气密性，可以通过漏斗向密闭容器内加水，水占据一定空间后，会使容器内气体压强变大，从而使容器内外产生压强差。具体方法是：打开导气管上的活塞（或止水夹），向漏斗中加入水，当水浸没漏斗颈下端时关闭活塞（或止水夹），继续加水，使漏斗颈中出现水柱，静置片刻，若水柱高度在一段时间内保持不变，则说明

装置不漏气。检查如图 3-12 c 中的装置的气密性，可以向乙管中加入适量水，使乙管的液面高于甲管的液面，静置片刻，若液面不下降，则说明装置不漏气。

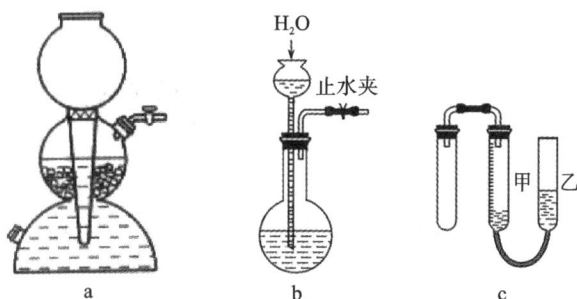

图 3-12 气密性检查（液差法）

③滴液法（见图 3-13）。向分液漏斗中注入适量水，关闭止水夹，打开分液漏斗的活塞，漏斗颈的下端会形成一段水柱，如果一段时间内，水柱的高度不下降，则说明装置的气密性良好。

④抽气/吹气法（见图 3-14 a、b）。如图 3-14 a 中的装置，关闭分液漏斗的活塞，轻轻向外拉动或向内推动注射器的活塞，一段时间后，若活塞能回到原来的位置，则证明装置的气密性良好。如图 3-14 b 中的装置，打开止水夹，向导管口吹气，长颈漏斗中的液面会上升，停止吹气后关闭止水夹，若长颈漏斗中的液面高度保持稳定，则证明装置的气密性良好。

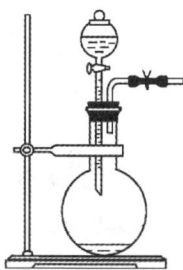

图 3-13 气密性的检验（滴液法）　　图 3-14 气密性的检查（抽气/吹气法）

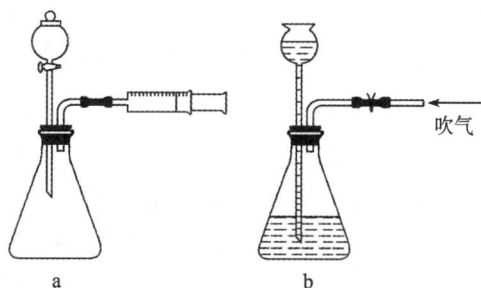

若连接的仪器很多，应分段检查。

3. 精心设计不同内容的实验探究活动

依据高中化学的教学内容及实验目的，实验探究活动具体可以划分为物质的制备实验、物质的检验实验、物质的分离提纯实验、物质的性质实验、定量实验等。

（1）物质的制备实验

物质的制备实验是指依据一定的化学实验原理，利用已有物质和实验装置制备新物质的化学实验，如氯气的制备、乙酸乙酯的制备等。物质的制备实验方案的设计应遵循以下原则：科学性，即实验原理、实验操作、实验方法正确；安全性，即尽量避免使用有毒药品和进行危险性操作，反应中的污染物少；可行性，即实验中使用的药品、仪器、方法符合中学现有实验室的条件，反应条件合适、产量较高；简约性，即实验装置简单，实验步骤简明，原料易得，产物易于分离，实验所需时间较短。物质的制备实验方案的设计主要涉及实验原料的选用、实验原理的确定、实验装置的选择与连接等。

（2）物质的检验实验

物质的检验实验是依据物质的性质，使被检验物质与加入的试剂发生作用，生成某种已知物质或产生某种特殊现象，从而确定该物质存在的实验。物质的检验可利用物质特有的物理性质，如四水合铜离子呈蓝色、高锰酸根离子呈紫色、氯气呈黄绿色等。物质的检验也可利用加入检验试剂后生成沉淀、气体，或颜色发生变化、产生特殊气味进行判断并得出结论。如利用银离子与氯离子生成白色沉淀来检验氯离子，利用加浓碱后产生具有刺激性气味且可使湿润的红色石蕊试纸变蓝的气体来检验铵根离子等。物质检验的步骤一般包含：取样→操作（加试剂）→现象→结论。物质的检验实验方案的设计主要涉及检验方法的确定、检验试剂的选用、干扰离子的屏蔽等。

（3）物质的分离提纯实验

物质的分离是依据混合物中各组分的物理性质或化学性质的差异，通过一定的物理变化或化学变化将混合物中的各组分分开。物质的提纯是依据混合物中各组分的物理性质或化学性质的差异，通过一定的物理变化或化学变化将混合物中的杂质除去。

分离与提纯的原则是不增、不减、易分。不增是指待分离的混合物不能增加或引入新杂质；不减是指要尽可能保证待分离或待保留的物质不减少；易分是指从操作上将杂质转化为气体、沉淀等易分离的物质。分离与提纯的方法分为物理方法和化学方法，物理方法主要有过滤法、结晶法、蒸馏法等；化学方法主要有气体法、溶解法、沉淀法、灼烧法等。物质的分离提纯实验的设计主要涉及分离提纯方法的选择、分离提纯试剂的选择、试剂的加样顺序、纯度的检验等。

（4）物质的性质实验

物质的性质实验方案的设计应遵循的原则与物质的制备实验的原则基本一致，即科学性、安全性、可行性、简约性等。设计实验方案时，首先要分析物质的结构特点或从物质所属类型的代表物去推测其可能具有的一系列物理、化学性质，再依据实验方案设计的原则提出合理的实验方案，探索并验证物质可能具有的性质。物质的性质验证实验的设计主要涉及物质性质的合理推测、验证试剂的选择等。

（5）定量实验

高中化学教科书中典型的定量实验有配制一定物质的量浓度的溶液、强酸强碱的中和滴定、中和反应反应热的测定、醋酸与碳酸电离平衡常数的比较等。定量实验最基本的要求是测定结果的可靠性和准确性，因此分析测定所依据的化学原理应正确，且实验方法应具有很高的准确度，所使用的仪器应具有很高的精密度。定量实验方案的设计要对实验原理、方法、使用的仪器和试剂、具体的操作步骤和实验技术，以及结果的处理等都有详尽的考虑。定量实验的设计主要涉及实验仪器的选择、实验操作细节的设定、实验数据的处理、实验误差分析等。

4. 认真组织不同类型的实验教学活动

（1）演示实验

演示实验是边讲边演示。教师在演示时先讲述实验原理、条件及注意事项；当学生观察到实验现象后，教师通过谈话启发学生对所观察到的现象进行解释，引导学生得出正确的结论。

要做好演示实验，应注意以下几点要求。

①保证成功。演示实验的成败直接影响教学效果。教师要保证演示实验的成功，首先必须从思想上重视，认真对待每一个演示实验。其次，课前要亲自做好实验设计并验证实验的可行性，包括实验试剂的选择与配制、实验仪器的选择、检查装置是否漏气或者漏液、实验条件（浓度、温度、pH 等）的控制、实验所持续的时间等。若课堂演示实验失败，应实事求是，引导学生分析导致实验失败的可能原因，且应在实验方案优化后另寻时间重做实验直至成功。

②确保安全。做演示实验时应将安全放在首要位置。教师在实验前必须清楚实验中所有可能存在的危险因素，对一切可能的突发状况都应制订明确的应急预案。如若实验过程中要用到强酸强碱，则需准备稀碳酸氢钠溶液和稀硼酸，做好强酸强碱可能溅到皮肤上的安全预案；若实验过程中需要使用酒精灯加热，则需准备湿抹布，做好可能着火的安全预案。存在无法有效解决不安全问题的实验，不宜进行演示。

③注意直观。直观的实验现象可使学生印象深刻，能进一步激发学生的学习积极性。教师应注意将实验装置放在方便全班学生观察的地方；教师应选择现象明显的实验进行演示，如颜色变化明显、有沉淀或气体生成等。也可借助现代技术手段，如手机实时投屏、投影仪等放大实验现象，使实验更直观，提高演示实验的成效。

④注重示范。演示实验中，教师的基本实验操作必须一丝不苟、严格按照规范进行。同时，教师要结合规范操作指出学生可能出现的问题及这些问题可能引起的后果。教师的示范作用还体现在良好的实验习惯上，如：使用洁净的玻璃仪器，实验操作有条不紊，实验的目的性强，实验准备充分，能迅速应对实验突发状况，具

有实事求是的科学精神等。

借鉴国际上教学与评价的研究成果，结合我国的教学实际，现代化教学应倡导"教、学、评"一体化的教学理念。演示实验可采用如下能体现"教、学、评"一体化教学理念的教学模式。

演示实验"教、学、评"一体化教学模式（见图 3-15）分为引入环节、演示环节、整合环节和巩固环节等。首先由教师提出问题，学生倾听讨论、明确问题，教师引出实验；接着教师演示讲解，学生观察思考、获取有效信息；然后教师引导分析，学生整合信息、得出实验结论；最后教师设计作业，学生练习巩固、掌握所学知识。该模式从真实情境引入，旨在激发学生的学习积极性，培养学生的观察能力、分析问题与解决问题的能力。

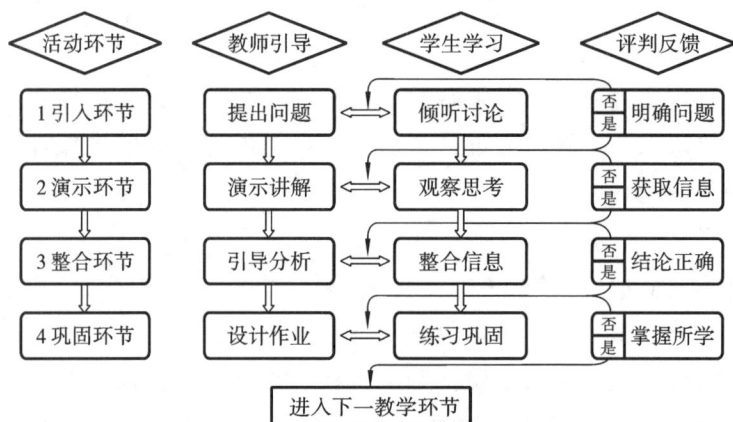

图 3-15　演示实验"教、学、评"一体化教学模式

（2）分组实验

分组实验是由学生分组亲自动手完成的实验，是培养学生实验技能、观察能力、分析问题和解决问题的能力，是学生学习科学方法、养成科学习惯和科学态度的重要教学形式。

要做好学生分组实验，应注意以下几点。

①教师应充分准备。教师首先应对实验进行反复验证。与演示实验相比，该类实验对实验成功的概率要求更高，要考虑的因素很多，如实验试剂的纯度高、杂质少，实验仪器未损坏、操作方便等都是需要充分考虑的因素。教师除了要掌握实验成败的关键和条件的控制外，还需要考虑学生可能面对的困难，提炼出学生动手实验前应知道的注意事项，并做好课堂巡视指导计划。教师课堂巡视指导包括观察并记录实验现象的指导、实验规范操作的指导、突发事件的处理等。

②学生应充分准备。教师在分组实验前应布置必要的预习作业，使学生对实验有充分的了解，包括明确实验目的、理解实验原理、厘清实验内容、熟知实验操作步骤等，力争在动手实验的过程中做到有目的、有条理地完成每一步操作。

③通过实验习题巩固和提升学生的实验能力。实验习题是学生综合运用已有的化学知识和实验技能，采用实验方法来解答有关实验问题的习题。实验习题的内容比较灵活，可以是针对实验过程中某个具体操作的习题，以帮助学生巩固实验技能；也可以是对实验的反思与改进，给学生提供多角度考虑问题的机会，以提升学生的创新能力。

分组实验可采用如下能体现"教、学、评"一体化教学理念的教学模式。

分组实验是在学生课前预习与教师现场指导的基础上开展的以学生自主操作为主的实验。分组实验"教、学、评"一体化教学模式（见图3-16）分为预习环节、交流环节、实验环节、整合环节等。首先由学生完成预习，通过与教师交流明确实验任务后开展分组实验；在实验过程中，教师引导学生观察与记录实验现象、规范实验操作、探讨实验细节等；最后学生依据所得信息得出实验结论，并形成实验报告。该模式旨在培养学生的自主思考与观察的能力、交流与合作的能力、分析与解决问题的能力及实践操作能力。

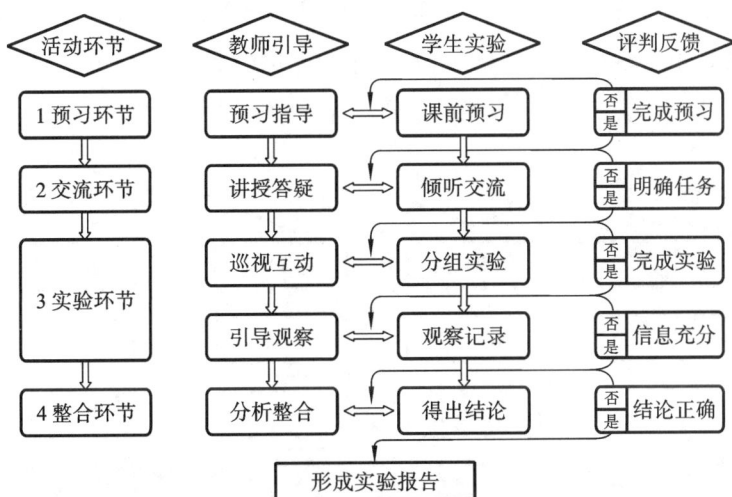

图 3-16 分组实验"教、学、评"一体化教学模式

（3）探究性实验

探究性实验教学活动不仅能突出学生的主体地位，而且能培养学生的动手能力与探究意识，提升学生的化学学科核心素养。

要做好探究性实验，应注意以下几点。

①创设情境。兴趣和动力是学生主动学习、提升学习效率的重要条件。教师可以从趣味角度创设问题情境，如演示趣味实验，引发学生的兴趣，使学生主动探究、自主思考；也可以从生活角度创设问题情境，如制作豆腐的实验；还可以选取一些

较为常见的化学反应现象作为教学素材，创设合理的情境，如含 Fe^{3+} 的溶液遇 KSCN 溶液变红，促使学生在情境中通过对化学知识的探究，进一步了解化学现象的本质。

②引导猜想。在探究性实验教学中，教师要引导学生对后续的实验提出自己的猜想与假设，这是推动探究性实验开展的重要因素。教师不用刻意纠正学生提出的错误猜想与假设，这些猜想与假设都可通过后续的实验进行证实或证伪。不论哪种猜想与假设，教师都应给予鼓励，以提升学生的自信心。

探究性实验可采用如下能体现"教、学、评"一体化教学理念的教学模式。

探究性实验"教、学、评"一体化教学模式（见图 3-17）分为引入环节、论证环节、探究环节和应用环节等。教师首先从真实情境出发设问，学生提出假设；接着教师提供足量的信息材料支撑合理假设，学生以此设计并探讨可行的方案；方案确定后学生分组动手实验，观察并记录实验现象，其间教师巡视互动，引导学生细致观察实验现象并规范实验操作；学生分析所得信息，在教师的引导下得出结论；最后教师组织学生讨论，学生交流成果及其运用并解决实验中遇到的问题，形成探究报告。该模式中，学生在教师的引导下自主提出假设、设计方案、动手实验、获取信息、得出结论、交流成果、解决问题，自主学习能力得到了充分提升。

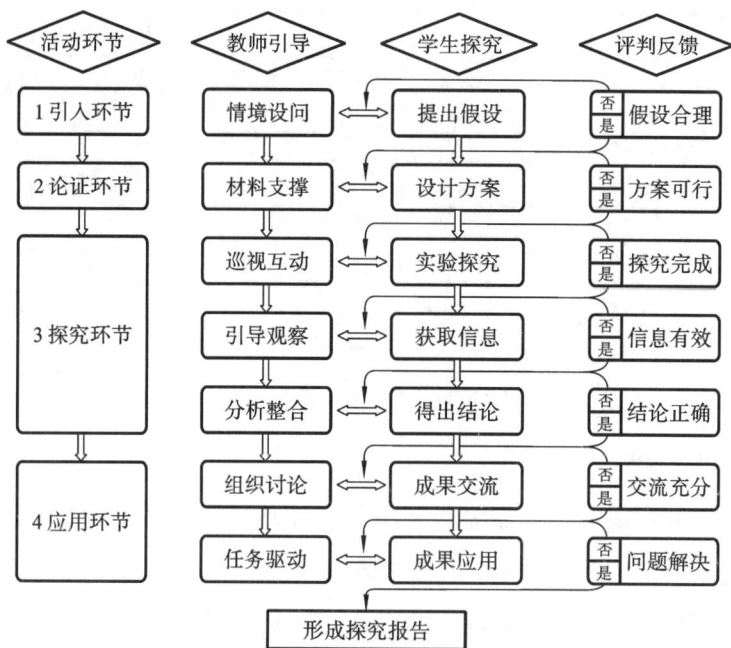

图 3-17 探究性实验"教、学、评"一体化教学模式

三、 化学实验教学案例

教学案例 1 配制一定物质的量浓度的溶液

【教学思路】

本实验选自《普通高中教科书 化学 必修 第一册》"实验 2-10 配制 100 mL 1.00 mol/L NaCl 溶液"和"实验活动 1 配制一定物质的量浓度的溶液"两个部分的内容,是学生进入高中阶段所做的第一个定量实验。学生在本实验前已经系统学习了物质的量的相关概念,能运用物质的量、摩尔质量、气体摩尔体积、物质的量浓度之间的关系进行简单的计算,且在初中阶段已经学会了配制一定溶质质量分数的溶液,这些知识为本节课的学习奠定了基础。

实验课前,教师布置预习任务,引导学生复习初中所学的配制一定溶质质量分数的溶液的实验,了解本实验的目的,并进行相关计算。实验课上,从实验目的出发,提出问题,在解决问题的过程中探究容量瓶的设计思路,加深对容量瓶的理解。首先由教师演示容量瓶使用的规范操作,然后学生分组进行实验操作并记录实验现象,教师巡视指导并拍照记录。实验操作结束,教师引导学生回顾实验操作规范,然后进行自评和互评,并对错误的实验操作进行误差分析。实验结束后,教师组织学生洗涤仪器,整理实验台。

【教学目标】

1.进一步理解物质的量的概念,以及物质的量、物质的质量、物质的量浓度之间的转化关系。

2.复习用天平称量固体试剂、用量筒量取液体试剂的操作。认识容量瓶并练习用容量瓶配制溶液,熟悉配制一定物质的量浓度溶液的步骤。

3.通过关注实验中的误差,进一步落实从定量的角度研究物质的思路,体会宏观与微观的结合。

【教学重难点】

教学重点:配制一定物质的量浓度溶液的实验操作。

教学难点:容量瓶的使用。

【实验准备】

烧杯、容量瓶 (100 mL)、胶头滴管、量筒、玻璃棒、药匙、天平、滤纸。

NaCl 固体、蒸馏水等。

【教学流程】

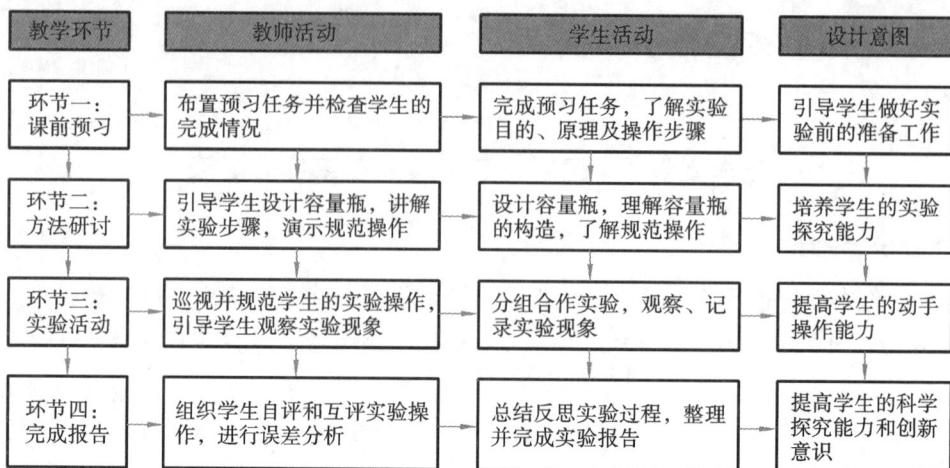

【教学过程】

环节一：课前预习

［设计作业］教师布置预习任务，要求学生完成实验报告册中预习部分的内容及以下作业。

1.了解以下两个实验的目的，并计算实验所需 NaCl 固体的质量和所需 1.00 mol/L NaCl 溶液的体积。

（1）配制 100 mL 1.00 mol/L NaCl 溶液。

（2）用 1.00 mol/L NaCl 溶液配制 100 mL 0.50 mol/L NaCl 溶液。

2.简述配制 100 g 10％的氯化钠溶液的步骤。

［预习］学生阅读教科书中本实验的内容或查阅资料，完成上述预习任务。

［检查］检查学生的预习情况，要求学生熟悉物质的量浓度的相关计算，复习回顾初中学过的配制一定溶质质量分数的溶液，了解溶质的质量分数与物质的量浓度两种表征溶液浓度的物理量的区别和联系。

环节二：方法研讨

［提问］要配制 100 mL 1.00 mol/L NaCl 溶液，现在我们已经计算出所需 NaCl 固体的质量，那么需要加入多少水呢？

［讨论］

1.在不知道溶液密度的情况下，无法通过计算获知所需水的体积。

2.可以利用烧杯的刻度直接加水溶解 NaCl 固体，直至溶液的体积为 100 mL。但是烧杯直径大，溶液体积误差较大，导致所配溶液的浓度误差较大。

［提问］怎样减少溶液体积的误差？

[讨论] 使用能准确测量溶液体积的仪器，直径越小的仪器所测量的体积误差越小。比如 100 mL 量筒和 10 mL 量筒对比，10 mL 量筒直径小，误差小，但是按 10 mL 量筒的直径设计 100 mL 容积的仪器，仪器长达 1 米多，使用起来不方便。

[提问] 请设计新的实验仪器，使其既能准确测量溶液的体积，又有较大的容积，使用起来也方便。

[讨论] 结合烧杯和 10 mL 量筒的优点，得知该仪器下面的直径大、容积大，上面的直径小，这样其所测量体积的误差就小。将我们熟悉的圆底烧瓶进行改进即可，瓶底采用平底，瓶口加上磨口玻璃塞，刻度标在瓶颈处。

[小结] 设计新的实验仪器——容量瓶：上面细，精确；下面粗，容积大；配玻璃塞，方便摇匀。

[演示] 教师演示容量瓶的使用方法及规范操作。

1.演示容量瓶的检漏。

2.演示向容量瓶中转移溶液。

3.演示用胶头滴管定容。

4.演示容量瓶的颠倒摇匀。

环节三：实验活动

两人为一组，动手组装实验装置，进行配制一定物质的量浓度溶液的实验。实验过程中，教师进行巡视、指导，并拍下规范的操作或典型的错误操作，为后续总结提供图片素材。

[实验步骤]

1.配制 100 mL 1.00 mol/L NaCl 溶液。

（1）计算溶质的质量（预习时已完成）。

（2）称量。用天平称量出所需质量的 NaCl 固体。

（3）配制溶液。将称好的 NaCl 固体放入烧杯中，再向烧杯中加入 40 mL 蒸馏水，用玻璃棒搅拌，使 NaCl 固体完全溶解。

将烧杯中的溶液沿玻璃棒注入 100 mL 容量瓶，用少量蒸馏水洗涤烧杯内壁和玻璃棒 2~3 次，并将洗涤液也注入容量瓶。轻轻摇动容量瓶，使溶液混合均匀。

继续向容量瓶中加入蒸馏水，直到液面在刻度线以下 1~2 cm 时，改用胶头滴管滴加蒸馏水，至溶液的凹液面与刻度线相切。盖好瓶塞，反复上下颠倒，摇匀。

（4）将配制好的溶液倒入试剂瓶中，贴好标签。

2.用 1.00 mol/L NaCl 溶液配制 100 mL 0.50 mol/L NaCl 溶液。

（1）计算所需 1.00 mol/L NaCl 溶液的体积（预习时已完成）。

（2）量取 1.00 mol/L NaCl 溶液的体积。

用量筒量取所需体积的 NaCl 溶液并注入烧杯中。

（3）配制溶液。

向盛有 1.00 mol/L NaCl 溶液的烧杯中加入 20 mL 蒸馏水，用玻璃棒慢慢搅动，使其混合均匀。

将烧杯中的溶液沿玻璃棒注入 100 mL 容量瓶，用少量蒸馏水洗涤烧杯内壁和玻璃棒 2～3 次，并将洗涤液也注入容量瓶。轻轻摇动容量瓶，使溶液混合均匀。

继续向容量瓶中加入蒸馏水，直到液面在刻度线以下 1～2 cm 时，改用胶头滴管滴加蒸馏水，至溶液的凹液面与刻度线相切。盖好瓶塞，反复上下颠倒，摇匀。

（4）将配制好的溶液倒入试剂瓶中，贴好标签。

环节四：完成报告

1.将学生实验过程中的照片投屏至电子屏幕，组织学生自评和互评实验操作是否规范。

2.对学生实验过程中的典型错误操作进行误差分析。

（1）烧杯和玻璃棒未洗涤——浓度偏小；

（2）定容时俯视刻度线——浓度偏大；

（3）定容摇匀后，发现液面下降，继续加水至刻度线——浓度偏小。

3.总结本实验产生误差的原因及分析方法。

4.布置课后作业，要求学生完成实验报告册中的相关内容。

5.组织学生整理实验台，收集配制的溶液并集中处理。

【板书设计】

配制一定物质的量浓度的溶液

一、实验步骤

计算→称量→溶解→移液→洗涤→振荡→定容→摇匀

二、误差分析

$c = \dfrac{n}{V} = \dfrac{m}{MV}$，分析 m 和 V 的变化。

【课后反思】

本节课学生在教师的引导下，自主探究容量瓶的设计思路，体验选择和设计实验仪器的过程，认识并理解容量瓶的构造。通过实验体验，培养学生的动手能力和小组合作能力。教师引导学生关注实验过程中学生自己的操作，并进行误差分析，落实从定量的角度研究物质的方法。实验结束后，教师引导学生整理实验台，培养学生良好的实验习惯。

教学案例 2　铁及其化合物的性质

【教学思路】

本实验属于物质的性质实验，包括铁及其化合物的性质和铁离子的检验两部分内容。学生在本实验前对铁及其化合物的性质已有基本的认识，能从物质类别和元素价态两个视角认识物质之间的转化关系，已具备一定的实验探究能力。

实验课前，教师安排学生完成预习作业，并在实验开始前检查学生的完成情况。本实验涉及的操作比较简单，学生能独立完成，因此课前提供给学生的作业主要是与实验相关的知识内容。学生通过完成预习作业，可以明确实验目的，熟悉实验药品在实验中的作用，能用化学方程式或离子方程式解释、说明实验相关的化学反应原理。

实验课上，首先由教师通过提问、讲授等形式统一学生对本次实验活动的基本认识，帮助学生了解实验注意事项及关键操作；然后，教师引导学生自主设计实验探究铁单质、亚铁盐和铁盐的氧化性或还原性，通过师生互动解决实验中的重难点问题；接着，学生在教师的组织下动手实验，教师进行巡视和指导；实验完成后，学生分组分享实验现象和结论并填写实验报告，教师课后收集批阅。

本次实验课一方面通过宏观的实验现象帮助学生辨识铁单质、铁盐和亚铁盐的性质，另一方面引导学生应用氧化还原反应知识，基于实验证据建构以铁为例的变价元素的物质之间的转化关系。在实验活动中，应注意充分发挥氧化还原反应知识对铁元素性质学习的指导作用，同时要利用铁元素及其化合物丰富的性质，促进学生对相关原理知识的理解，提升学生的实验探究能力（或核心素养）。

【教学目标】

1.通过实验练习能设计实验检验铁离子。

2.通过实验认识铁及其化合物的重要化学性质，能建构 Fe、Fe^{2+} 和 Fe^{3+} 三者之间的转化关系模型，培养证据意识与推理能力。

3.能运用氧化还原反应原理设计实验实现含有不同价态同种元素的物质之间的相互转化，能从元素价态的视角认识物质之间的转化关系，提升实验设计能力、动手操作能力和合作交流能力。

【教学重难点】

Fe^{3+} 的检验，Fe、Fe^{2+} 和 Fe^{3+} 三者之间的转化。

【实验准备】

根据学生分组，准备相应的实验用品。

试管、胶头滴管、药匙、镊子。

CuSO$_4$ 溶液、FeCl$_3$ 稀溶液、FeCl$_2$ 溶液、FeSO$_4$ 溶液、酸性 KMnO$_4$ 溶液、KSCN 溶液、KI 溶液、淀粉溶液、蒸馏水、锌片、铜片、铁粉、铁丝等。

【教学流程】

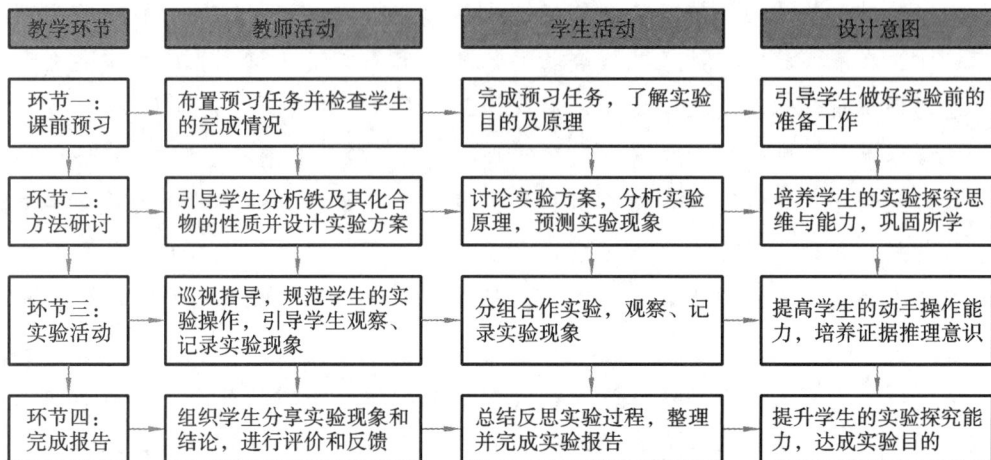

教学环节	教师活动	学生活动	设计意图
环节一：课前预习	布置预习任务并检查学生的完成情况	完成预习任务，了解实验目的及原理	引导学生做好实验前的准备工作
环节二：方法研讨	引导学生分析铁及其化合物的性质并设计实验方案	讨论实验方案，分析实验原理，预测实验现象	培养学生的实验探究思维与能力，巩固所学
环节三：实验活动	巡视指导，规范学生的实验操作，引导学生观察、记录实验现象	分组合作实验，观察、记录实验现象	提高学生的动手操作能力，培养证据推理意识
环节四：完成报告	组织学生分享实验现象和结论，进行评价和反馈	总结反思实验过程，整理并完成实验报告	提升学生的实验探究能力，达成实验目的

【教学过程】

环节一：课前预习

[设计作业] 教师设计预习任务，要求学生完成以下课前作业。

1. 铁和铁的重要化合物有哪些化学性质？写出反应的化学方程式，并简述其反应现象。

2. 怎样实现 Fe、Fe^{2+} 和 Fe^{3+} 三者之间的相互转化？画出转化关系的示意图。

3. 实验室在取用固体试剂和液体试剂时，一般的计量分别是多少？

[预习] 学生阅读教科书中本实验的内容或查阅资料，完成上述预习任务。

[检查] 检查学生的预习情况，要求学生掌握铁及其化合物的重要化学性质，画出"铁三角"，让学生知道一般取用固体试剂以试剂盖满药匙底部为宜，取用液体试剂以 2～3 mL 为宜。

环节二：方法研讨

[引入] 通过前面的学习，我们已经知道了铁及其化合物在生产生活中有着重要作用，所以研究铁及其化合物的性质具有重要意义。本节课我们将在实验室里动手实验，一起探究铁及其化合物的性质。

[投影] 实验目的：探究铁及其化合物的重要性质，以及 Fe、Fe^{2+} 和 Fe^{3+} 三者之间的转化关系。

[提问] 从元素化合价的视角进行预测，铁单质、亚铁盐、铁盐有哪些性质？

[回答] 铁单质有还原性；亚铁盐既有氧化性，又有还原性；铁盐有氧化性。

[布置任务] 请同学们以小组为单位，利用实验室所提供的实验用品设计实验证

明铁单质、亚铁盐和铁盐的氧化性或还原性。

[投影]

试剂：$CuSO_4$ 溶液、$FeCl_3$ 稀溶液、$FeCl_2$ 溶液、$FeSO_4$ 溶液、酸性 $KMnO_4$ 溶液、KSCN 溶液、KI 溶液、淀粉溶液、蒸馏水、锌片、铜片、铁粉、铁丝等。

提示：KI 是常用的还原剂，能被氧化生成 I_2，淀粉溶液遇 I_2 变蓝。

[讨论] 学生根据提供的实验用品讨论并设计实验方案，分析实验原理，预测实验现象，汇报交流。

[小结] 根据学生的讨论，小结实验方案并投影。

[投影] 用具有氧化性的 $CuSO_4$ 溶液验证铁单质的还原性；用具有还原性的铜片或 KI 溶液验证铁盐的氧化性；用具有还原性的锌片验证亚铁盐的氧化性；用具有氧化性的酸性 $KMnO_4$ 溶液验证亚铁盐的还原性。

[提问] 如何设计实验证明补铁剂中含有 Fe^{2+}？如何设计实验证明补铁剂中的 Fe^{2+} 是否氧化变质？

[讨论] Fe^{2+} 的检验可以利用其还原性，滴加氧化性试剂如酸性 $KMnO_4$ 溶液。Fe^{2+} 被氧化会生成 Fe^{3+}，可以利用 Fe^{3+} 的特征反应来检验：$Fe^{3+} + 3SCN^- =\!=\!= Fe(SCN)_3$（红色）。

[提问] 若向 $FeCl_3$ 稀溶液中加入足量铁粉，再滴加 KSCN 溶液，溶液还会变成红色吗？为什么？

[讨论] 溶液不会变成红色，因为 $2Fe^{3+} + Fe =\!=\!= 3Fe^{2+}$。

[提示] 实验注意事项如下。

1. 本实验涉及的药品较多，在使用胶头滴管时要注意每次使用前先用蒸馏水充分洗涤，避免药品之间的相互污染。

2. 将铁丝、铜片、锌片等固体放入试管时，应先将试管横放，放入固体后再将试管慢慢竖起，使固体物质缓缓滑落至试管底部。用金属做化学实验，实验前应先打磨，实验后应回收至指定位置。

环节三：实验活动

实验过程中学生两人一组，积极思考，分工合作，动手操作，观察并记录实验现象；教师进行巡视指导，引导学生观察现象，纠正学生不规范的操作。

[活动一] 分组实验：铁及其化合物的性质

实验1：铁单质的还原性

在一支试管中加入 2 mL $CuSO_4$ 溶液，再将一段铁丝放入 $CuSO_4$ 溶液中。过一会儿，取出铁丝，观察现象并加以解释。

实验2：铁盐的氧化性

（1）取 3 mL $FeCl_3$ 稀溶液加入试管中，加入几小块铜片，振荡，过一会儿，观察现象。

（2）在一支盛有 3 mL 水的试管中滴加几滴 $FeCl_3$ 稀溶液，再滴加 3 滴 KI 溶液，观察现象。然后向溶液中滴加 2 滴淀粉溶液，观察现象。

实验 3：亚铁盐的氧化性和还原性

（1）取 3 mL $FeCl_2$ 溶液加入试管中，加入几小块锌片，振荡，过一会儿，观察现象。

（2）在一支试管中加入少量酸性 $KMnO_4$ 溶液，然后向试管中加入少量 $FeSO_4$ 溶液，观察溶液的颜色变化。当溶液紫色褪去时，再滴加 2 滴 KSCN 溶液，观察现象。

［活动二］分组实验：铁离子的检验

实验 1：在一支试管中加入 2 mL 蒸馏水，再滴加几滴 $FeCl_3$ 稀溶液，然后滴加几滴 KSCN 溶液，观察现象。

实验 2：在一支试管中加入少量 $FeCl_3$ 稀溶液，然后加入适量铁粉，轻轻振荡片刻，再滴加几滴 KSCN 溶液，观察现象。

环节四：完成报告

［提问］大家观察到哪些实验现象？由实验现象可以得出铁单质、亚铁盐、铁盐分别具有哪些性质？

［交流］各组讨论并分享实验现象和结论。

［小结］通过本实验可知：铁单质在某些氧化剂作用下会被氧化为亚铁盐；亚铁盐在较强的氧化剂作用下会被氧化为铁盐；铁盐遇到较强的还原剂会被还原为亚铁盐，即 Fe、Fe^{2+}、Fe^{3+} 在一定条件下可以相互转化。

［作业］完成实验报告。

分组实验：铁及其化合物的性质

	实验步骤	实验现象	实验结论
实验 1	在一支试管中加入 2 mL $CuSO_4$ 溶液，再将一段铁丝放入 $CuSO_4$ 溶液中。		
实验 2	（1）取 3 mL $FeCl_3$ 稀溶液加入试管中，加入几小块铜片，振荡。		
	（2）在一支盛有 3 mL 水的试管中滴加几滴 $FeCl_3$ 稀溶液，再滴加 3 滴 KI 溶液。然后向溶液中滴加 2 滴淀粉溶液。		
实验 3	（1）取 3 mL $FeCl_2$ 溶液加入试管中，加入几小块锌片，振荡。		
	（2）在一支试管中加入少量酸性 $KMnO_4$ 溶液，然后向试管中加入少量 $FeSO_4$ 溶液。当溶液紫色褪去时，再滴加 2 滴 KSCN 溶液。		

分组实验：铁离子的检验

	实 验 步 骤	实验现象	结　　论
实验 1	在一支试管中加入 2 mL 蒸馏水，再滴加几滴 $FeCl_3$ 稀溶液，然后滴加几滴 KSCN 溶液。		
实验 2	在一支试管中加入少量 $FeCl_3$ 稀溶液，然后加入适量铁粉，轻轻振荡片刻，再滴加几滴 KSCN 溶液。		

［讨论］以铁屑为原料，如何制备 $FeSO_4$ 晶体？

【板书设计】

铁及其化合物的性质

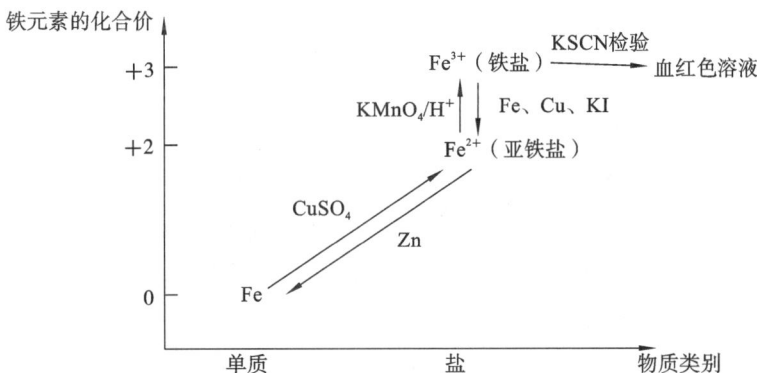

【课后反思】

本次实验是探究物质基本性质的实验，其任务是通过实验探究铁及其化合物的性质，同时加深对氧化还原反应的认识，主要有以下特点。

1.设计科学，层次分明。通过课前预习环节，消除学生的知识障碍，统一学生对本实验活动的认识，巩固本实验所用到的基本知识。在方法研讨环节，教师引导学生从铁元素价态的视角，结合氧化还原反应原理，预测其可能具有的氧化性或还原性，再在给定试剂的前提下开展实验探究活动。在实验活动和完成报告环节，学生分组实验，动手操作，观察实验现象，得出实验结论并交流分享，最后完成实验报告。整个教学环节科学合理，符合学生的认知规律。

2.分工合作，充分交流。本节课紧紧围绕铁及其化合物的性质这条主线，基于生活情境提出问题，在讨论中设计实验方案，于操作中合作探究，依据证据进行科学推理。通过问题引导、任务分解、分工合作、交流分享，顺利完成铁及其化合物的性质的知识建构。

3.创设情境，提升素养。创设补铁剂中二价铁的证明及检验二价铁是否氧化变质的问题情境，使学生学会在真实情境中运用知识解决简单的化学问题，丰富学生的情感体验。抓住物质反应呈现的现象，培养学生的证据意识，丰富离子检验的思路和方法，提升学生的高阶思维能力和科学探究素养。

建议：本实验是在给定试剂的前提条件（半开放性条件）下开展的实验探究活动，课后可以启发学生思考"还有哪些试剂可以实现 Fe、Fe^{2+} 和 Fe^{3+} 三者之间的转化"，并指导学生设计可行的实验方案，帮助学生把铁及其化合物的相互转化进一步系统化和网络化。

教学案例3 同周期、同主族元素性质的递变

【教学思路】

本实验属于物质的性质实验，包括同主族元素性质的递变和同周期元素性质的递变两部分内容。学生在前面对物质结构和元素周期律相关理论知识已有基本的认识，能综合认识元素性质的周期性递变规律，了解元素周期律的应用。

实验课前，教师安排学生完成预习作业，并在实验开始前检查学生的完成情况。本实验涉及的操作比较简单，学生能独立完成，课前提供给学生的预习作业主要是与实验相关的内容。实验课上，教师先引导学生自主设计实验，通过对比卤素单质的氧化性或其简单阴离子的还原性比较同主族元素非金属性的强弱；然后设计实验，比较镁分别与冷水、热水反应的剧烈程度，以及镁、铝对应的氢氧化物的碱性强弱，说明同周期元素金属性强弱；接着学生在教师的组织下动手实验，教师进行巡视和指导；完成实验后，学生分组分享实验现象和结论并填写实验报告，教师课后收集批阅。

本次实验课以卤族元素为代表认识同主族元素性质的相似性和递变性，以第三周期金属元素为代表认识同周期元素性质的递变规律。在实验活动中，应重视学生学习过程中的感悟和体验，通过实验培养学生的观察能力、分析能力，关注学生思维能力的塑造，使学生形成证据推理等学科素养。

【教学目标】

1.通过实验探究加深对同周期、同主族元素性质递变规律的认识。

2.体会元素周期表和元素周期律在学习元素化合物知识中的重要作用。

3.通过探究性实验设计培养设计、观察、动手操作能力，提升实验思维能力。

【教学重难点】

设计实验比较镁与冷水、热水反应的剧烈程度；比较 $Mg(OH)_2$、$Al(OH)_3$ 碱性的强弱。

【实验准备】

根据学生分组，准备相应的实验用品。

试管、试管夹、试管架、量筒、胶头滴管、酒精灯、白色点滴板、镊子、砂纸、火柴。

镁条、新制的氯水、溴水、氨水、NaBr 溶液、NaI 溶液、$MgCl_2$ 溶液、$AlCl_3$ 溶液、1 mol/L NaOH 溶液、酚酞溶液等。

【教学流程】

教学环节	教师活动	学生活动	设计意图
环节一：课前预习	布置预习任务并检查学生的完成情况	完成预习任务，了解实验目的及原理	引导学生做好实验前的准备工作
环节二：方法研讨	引导学生分析同周期、同主族元素性质递变规律并设计实验方案	讨论实验方案，分析实验原理，预测实验现象	依据已有的知识设计实验方案，基于证据分析、推理、评价和优化方案
环节三：实验活动	巡视指导，规范学生的实验操作，引导学生观察、记录实验现象	分组合作实验，观察、记录实验现象	开展实验探究、验证实验方案，提升学生的学科素养
环节四：完成报告	组织学生分享实验现象和结论，进行评价和反馈	总结反思实验过程，整理并完成实验报告	体会科学探究的一般过程，培养科学研究意识

【教学过程】

环节一：课前预习

［设计作业］教师设计预习任务，要求学生完成以下课前作业。

1.同周期和同主族元素金属性和非金属性的变化规律是怎样的？

2.一般情况下，元素金属性强弱和非金属性强弱的判断依据是什么？

3.什么是元素周期律？

［预习］学生阅读教科书中本实验的内容或查阅资料，完成上述预习任务。

［检查］检查学生的预习情况，要求学生能掌握同周期和同主族元素金属性和非金属性的变化规律。

环节二：方法研讨

［引入］我们已经学习了同主族元素性质的相似性和递变性、同周期元素性质的递变规律，初步构建了"构""位""性"的认知模型。本节课我们将在实验室里亲自动手实验，一起探究同周期、同主族元素性质的递变规律。

［投影］实验目的：探究同周期、同主族元素性质的递变规律。

［提问］如何比较同主族元素非金属性的强弱？

［回答］分析氯、溴、碘的原子结构，对比卤素单质的氧化性或其简单阴离子的还原性，可比较同主族元素非金属性的强弱。

[布置任务] 请同学们以小组为单位，利用实验室提供的实验用品，设计实验比较同主族元素非金属性的强弱。

[投影]

试剂：镁条、新制的氯水、溴水、氨水、NaBr 溶液、NaI 溶液、$MgCl_2$ 溶液、$AlCl_3$ 溶液、1 mol/L NaOH 溶液、酚酞溶液。

[讨论] 学生根据提供的实验用品讨论并设计实验方案，分析实验原理，预测实验现象，汇报交流。

[小结] 根据学生的讨论，小结实验方案并投影。

[投影]

通过 NaBr 溶液、NaI 溶液和新制的氯水反应，以及 NaI 溶液和溴水反应后溶液颜色发生变化，证明卤素单质的氧化性强弱，及其简单阴离子的还原性强弱。

[提问] 如何比较同周期元素的金属性强弱？

[回答] 通过对比钠、镁、铝的金属性强弱比较同周期元素的金属性强弱。

[布置任务] 请同学们以小组为单位，利用实验室提供的实验用品，设计实验比较同周期元素的金属性强弱。

[投影]

通过对比钠、镁、铝与水反应的剧烈程度及其对应的氢氧化物碱性强弱，比较它们的金属性强弱。

环节三：实验活动

实验过程中学生两人一组，积极思考，分工合作，动手操作，观察并记录实验现象；教师进行巡视指导，引导学生观察实验现象，纠正学生不规范的操作。

[活动一] 分组实验：同主族元素性质的递变

实验1：在点滴板的 3 个孔穴中分别滴入 3 滴 NaBr 溶液、NaI 溶液和新制的氯水，然后向 NaBr 溶液和 NaI 溶液中各滴入 3 滴新制的氯水。观察颜色变化，并与氯水的颜色进行比较。写出反应的化学方程式。

实验2：在点滴板的两个孔穴中分别滴入 3 滴 NaI 溶液和溴水，然后向 NaI 溶液中滴入 3 滴溴水。观察颜色变化，并与溴水的颜色进行比较。写出反应的化学方程式。

[活动二] 分组实验：同周期元素性质的递变

实验1：取两支试管，各注入约 5 mL 的水，取等长的两小段镁条，用砂纸除去氧化膜，分别投入两支试管中。把其中一支试管放在酒精灯上加热，反应一段时间后，分别向两支试管中加入 2～3 滴酚酞溶液，观察实验现象。

实验2：(1) 向两支试管中分别加入 2 mL 1 mol/L $MgCl_2$ 溶液、2 mL 1 mol/L $AlCl_3$ 溶液，然后滴加适量的氨水，得到 Mg (OH)$_2$ 和 Al (OH)$_3$ 沉淀。

(2) 把生成的两种沉淀各分成两份，分别向其中加入 2 mol/L NaOH 溶液和

2 mol/L盐酸，边滴边振荡，观察实验现象。

环节四：完成报告

[提问]大家观察到哪些实验现象？由实验现象可以得出元素性质的周期性递变规律有哪些？

[交流]各组讨论并分享实验现象和结论。

[小结]通过本实验学生可以知道元素性质呈现周期性递变规律，进一步加深了对元素"构""位""性"关系的认识，为将来学习元素化合物知识打下坚实的基础。

[作业]完成实验报告。

分组实验：同主族元素性质的递变

	实 验 步 骤	实验现象	实验结论
实验1	在点滴板的3个孔穴中分别滴入3滴NaBr溶液、NaI溶液和新制的氯水，然后向NaBr溶液和NaI溶液中各滴入3滴新制的氯水。观察颜色变化，并与氯水的颜色进行比较。		
实验2	在点滴板的两个孔穴中分别滴入3滴NaI溶液和溴水，然后向NaI溶液中滴入3滴溴水。观察颜色变化，并与溴水的颜色进行比较。		

分组实验：同周期元素性质的递变

	实 验 步 骤	实验现象	实验结论
实验1	取两支试管，各注入约5 mL的水，取等长的两小段镁条，用砂纸除去氧化膜，分别投入两支试管中。把其中一支试管放在酒精灯上加热，反应一段时间后，分别向两支试管中加入2～3滴酚酞溶液，观察实验现象。		
实验2	（1）向两支试管中分别加入2 mL 1 mol/L $MgCl_2$溶液和2 mL 1 mol/L $AlCl_3$溶液，然后滴加适量的氨水。		
	（2）将$Mg(OH)_2$沉淀分装在两支试管中，向一支试管中滴加2 mol/L盐酸，向另一支试管中滴加2 mol/L NaOH溶液，边滴边振荡，观察实验现象。		
	（3）将$Al(OH)_3$沉淀分装在两支试管中，向一支试管中滴加2 mol/L盐酸，向另一支试管中滴加2 mol/L NaOH溶液，边滴边振荡，观察实验现象。		

[讨论]

1.实验中所用的氯水为什么要用新制的？

2.通过上面的两组实验，你能得出什么结论？你对原子结构与元素性质的关系及元素周期律（表）有什么新的认识？

【板书设计】

同周期、同主族元素性质的递变

一、同周期元素性质的递变：从左到右，金属性渐弱，非金属性渐强。

二、同主族元素性质的递变：从上到下，非金属性渐弱，金属性渐强。

小结：元素周期律是元素的原子核外电子排布周期性变化的必然结果。

【课后反思】

本次实验是探究物质基本性质的实验，其任务是通过实验探究同周期、同主族元素性质的递变规律，进一步认识"构""位""性"的关系。主要有以下特点。

1.学会科学探究的方法。学生依据已有的知识设计实验方案，进行证据分析、推理，评价和优化实验方案，并通过问题引导、任务分解、分工合作、交流分享，顺利完成同周期、同主族元素性质递变规律的知识建构。以卤族元素和第三周期金属元素为代表开展实验，将对元素周期律的认识从感性层面逐步上升到理性层面，体验和感悟从实验事实得出结论的研究方法，体会科学探究的一般过程。

2.体现绿色化学的理念。白色点滴板的使用，有利于学生观察到明显的实验现象；微型化学实验可以最大限度地降低实验对环境的影响，在实验教学中培养学生的绿色化学观。

建议：由于氯水、溴水有一定挥发性，实验时应打开实验室的换气设备。溴水具有强腐蚀性，实验时最好要求学生戴上护目镜、橡胶手套等，做好自我安全防护。

教学案例4 化学反应速率的影响因素

【教学思路】

本实验属于探究性实验。学生在本次实验前对化学反应速率已有基本的认识，能从宏观层面上描述影响化学反应速率的因素。同时学生对控制变量法在科学研究中的应用有初步认识，具备一定的实验探究能力。

实验课前，教师安排学生完成预习作业，并在实验开始前检查学生的完成情况。由于本实验涉及控制变量法的应用，对应的实验操作相对简单，因此教师提供的预习作业主要与实验设计原理相关。学生通过完成预习作业，可以明确实验目的，熟悉实验试剂及其作用，初步形成探究化学反应速率影响因素的实验方案。

实验课上，教师先通过提问等方式检查学生的预习情况；然后，教师通过方法研讨环节，引导学生选取合适的实验对象进行实验探究并针对不同影响因素自主设计实验步骤；接着，学生在教师的指导下动手实践，设计步骤，观察实验现象，总结实验结论；最后，学生通过完成实验报告梳理实验现象并对实验现象进行解释，建立探究性实验的思维模型。

【教学目标】

1.通过对实验方法的探讨，了解实验对象的选取原则，熟悉探究性实验中控制单一变量法的应用。

2.通过对比观察实验现象，总结影响化学反应速率的因素。

3.能初步应用化学反应原理说明实际问题，感受化学在生产生活中的应用。

【教学重难点】

影响化学反应速率的因素。

【实验准备】

烧杯、试管、量筒、试管架、胶头滴管、温度计、药匙、秒表、滤纸。

$0.1\ mol/L\ Na_2S_2O_3$ 溶液、$0.1\ mol/L\ H_2SO_4$ 溶液、$10\%\ H_2O_2$ 溶液、$1\ mol/L\ FeCl_3$ 溶液、MnO_2 粉末、蒸馏水等。

【教学流程】

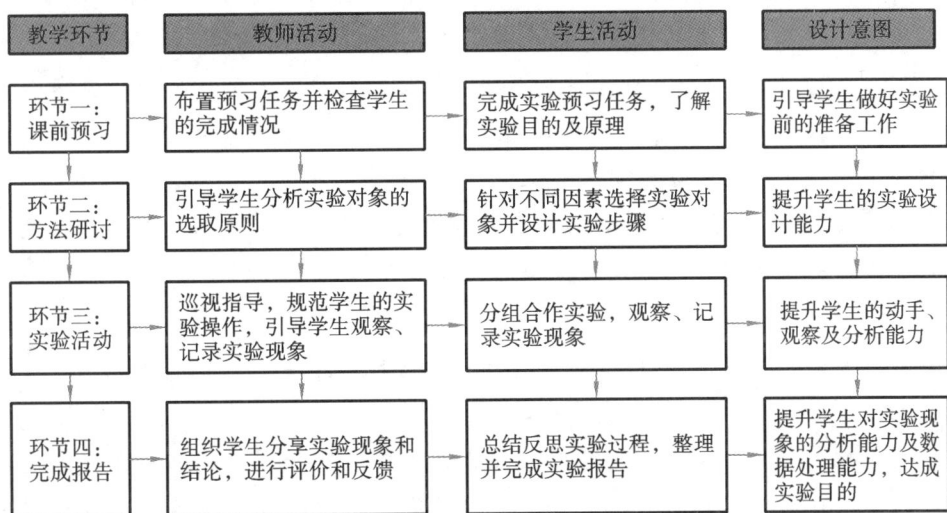

【教学过程】

环节一：课前预习

[设计作业] 教师设计预习任务，要求学生完成以下课前作业。

1.化学反应速率的影响因素有哪些？

2.写出 H_2O_2 的分解反应及 $Na_2S_2O_3$ 在强酸性环境中发生歧化反应的化学反应方程式。

3.若想探究化学反应速率的影响因素，该如何控制变量？

[预习] 学生阅读教科书中本实验的内容或查阅资料，完成上述预习任务。

[检查] 检查学生的预习情况，要求学生掌握温度、浓度、催化剂等对化学反应速率的影响，能写出 H_2O_2 分解生成 H_2O 与 O_2、$Na_2S_2O_3$ 在强酸性环境中发生歧化反应生成 S 和 SO_2 的化学反应方程式，了解本实验中需要控制单一变量。

环节二：方法研讨

[引入] 某品牌糕点的保质期说明是"3 月—11 月　12 天；12 月—2 月　20 天"。糕点在冬季保质期更长的原因是什么？

[讨论] 糕点变质的过程属于氧化反应，冬季温度低，氧化反应速率慢，因此冬季保质期较长。

[讲授] 不同温度下反应速率不同，糕点的保质期也就不同。本节课我们将通过实验来验证温度对反应速率的影响并探究影响化学反应速率的其他因素。

[投影] 实验目的：探究化学反应速率的影响因素。

[讲授] 仅从定性的角度探究分析，我们应选取一些实验现象明显、易观察的实验作为实验对象，比如出现浑浊，产生气体或者有明显的颜色改变。

[提问] 是否可以设计这样的实验——向不同浓度的含有酚酞的氢氧化钠溶液中加入盐酸，观察红色褪去的快慢，以此来研究浓度对化学反应速率的影响？

[回答] 不可以。因为氢氧化钠和盐酸反应速率过快，不利于实验的观察。

[小结] 因此，我们在选取实验对象时，除了要求实验现象明显，还要注意反应速率要适中，便于观察和记录实验现象。

[布置任务] 请同学们以小组为单位，利用实验室提供的实验用品，设计实验探究温度、浓度、催化剂对化学反应速率的影响。

[投影]

试剂：0.1 mol/L $Na_2S_2O_3$ 溶液、0.1 mol/L H_2SO_4 溶液、10% H_2O_2 溶液、1 mol/L $FeCl_3$ 溶液、MnO_2 粉末、蒸馏水、热水、冷水等。

提示：控制变量法是化学研究中一种非常重要的实验方法。若要探究浓度对反应速率的影响，则应让其他条件一致，仅改变某种物质的浓度来观察比较反应速率的变化。

[讨论] 学生根据教科书提供的试剂讨论并设计实验方案，分析方案的可行性，预测实验现象，汇报交流。

[小结] 根据学生的讨论，小结实验方案并投影。

环节三：实验活动

学生两人为一组，分工合作，观察并记录实验现象。教师进行巡视，指导学生观察实验现象，纠正学生不规范的操作。

[活动一] 分组实验：浓度对化学反应速率的影响

取两支大小相同的试管，分别加入 2 mL 和 1 mL 0.1 mol/L $Na_2S_2O_3$ 溶液，向盛有 1 mL $Na_2S_2O_3$ 溶液的试管中加入 1 mL 蒸馏水，摇匀。再同时向上述两支试管中加入 2 mL 0.1 mol/L H_2SO_4 溶液，振荡。观察、比较两支试管中溶液出现浑浊的快慢。

[活动二] 分组实验：温度对化学反应速率的影响

取两支大小相同的试管，各加入 2 mL 0.1 mol/L $Na_2S_2O_3$ 溶液，分别放入盛有冷水和热水的两个烧杯中。再同时向上述两支试管中加入 2 mL 0.1 mol/L H_2SO_4 溶液，振荡。观察、比较两支试管中溶液出现浑浊的快慢。

[活动三] 分组实验：催化剂对化学反应速率的影响

实验1：向两支大小相同的试管中分别加入 2 mL 10% H_2O_2 溶液，再向其中一支试管中加入少量 MnO_2 粉末，观察、比较两支试管中产生气泡的快慢。

实验2：向两支大小相同的试管中分别加入 2 mL 10% H_2O_2 溶液，再向其中一支试管中加入少量 MnO_2 粉末，向另一支试管中加入 2 滴 1 mol/L $FeCl_3$ 溶液，观察、比较两支试管中产生气泡的快慢。

环节四：完成报告

[提问] 大家观察到哪些实验现象？由实验现象可以得出温度、浓度、催化剂如何影响化学反应速率？

[交流] 各组讨论并分享实验现象和结论。

[小结] 通过本实验可知增大反应物浓度，化学反应速率加快；升高温度，化学反应速率加快；加入催化剂，化学反应速率加快；催化剂的种类不同，化学反应速率加快的程度不同。食品在冬天保质期更长是由于低温减慢氧化反应速率。探究实验的一般程序可总结为：提出假设→方案设计→验证假设→得出结论。

[作业] 完成实验报告。

	实验操作	实验现象	实验结论
活动一	取两支大小相同的试管，分别加入 2 mL 和 1 mL 0.1 mol/L $Na_2S_2O_3$ 溶液，向盛有 1 mL $Na_2S_2O_3$ 溶液的试管中加入 1 mL 蒸馏水，摇匀。再同时向上述两支试管中加入 2 mL 0.1 mol/L H_2SO_4 溶液，振荡。观察、比较两支试管中溶液出现浑浊的快慢。		
活动二	取两支大小相同的试管，各加入 2 mL 0.1 mol/L $Na_2S_2O_3$ 溶液，分别放入盛有冷水和热水的两个烧杯中。再同时向上述两支试管中加入 2 mL 0.1 mol/L H_2SO_4 溶液，振荡。观察、比较两支试管中溶液出现浑浊的快慢。		

续表

实 验 操 作	实 验 现 象	实 验 结 论
实验1：向两支大小相同的试管中分别加入 2 mL 10% H_2O_2 溶液，再向其中一支试管中加入少量 MnO_2 粉末，观察、比较两支试管中产生气泡的快慢。		
实验2：向两支大小相同的试管中分别加入 2 mL 10% H_2O_2 溶液，再向其中一支试管中加入少量 MnO_2 粉末，向另一支试管中加入 2 滴 1 mol/L $FeCl_3$ 溶液，观察、比较两支试管中产生气泡的快慢。		

（左侧跨行：活动三）

【板书设计】

影响化学反应速率的因素

［活动一］浓度对化学反应速率的影响

［活动二］温度对化学反应速率的影响

［活动三］催化剂对化学反应速率的影响

探究实验的一般程序：提出假设→方案设计→验证假设→得出结论。

【课后反思】

本次实验是探究影响因素的实验，其任务是通过实验进一步理解化学反应速率的影响因素，同时感受控制变量法在化学研究中的作用。主要有以下特点。

1.设计合理，环环相扣。通过预习环节，回顾基本知识，为实验设计建立理论基础；通过方法研讨，明确探究性实验选取实验对象的原则及控制变量法的应用，为实验设计建立思维基础；学生在给定试剂的情境下设计实验方案并动手验证，从理论到实验，逐步建立化学学科独有的思维方式。

2.创设情境，提升素养。本次实验课引入时运用了日常生活情境，旨在促使学生运用所学知识处理实际问题，培养学生解决真实复杂问题的能力，提升学生的科学探究能力与创新意识。

建议：本实验是一个定性探究实验，课后教师还可以引导学生在此基础上进一步设计定量实验，定量探究化学反应速率的影响因素。

教学案例5　化学能转化成电能

【教学思路】

本实验属于学生探究实验。学生在本次实验前已经学习了原电池的原理，通过"简易电池的设计与制作"的探究活动，已经对原电池的构成条件有了感性的体验，具备了一定的实验探究能力。本次实验课教师先通过布置课前预习作业及课堂上师生共同的复习回顾，使学生进一步明确本实验的目的、厘清实验步骤；接着，教师通过方法研讨，引导学生探究原电池的构成要素，理解氧化还原反应在化学能转化成电能过程中的作用；然后学生通过亲自动手实验，认识到必须同时具备电极、闭合回路、氧化还原反应等要素才能形成原电池，体验化学能直接转化成电能的过程；最后通过实验总结与反思、撰写实验报告，教师引导学生结合宏观现象进行微观推理，促进学生对相关原理知识的理解，提升学生的实验探究能力，培养宏观辨识与微观探析的学科素养。

【教学目标】

1. 认识原电池的构成要素及其作用。

2. 理解氧化还原反应在化学能转化成电能过程中的作用，体会化学学习的价值。

3. 运用"控制变量"的方法开展实验探究，学会化学实验中常用的思想方法。

【教学重难点】

原电池的构成要素及其作用。

【实验准备】

根据学生分组，准备相应的实验用品。

烧杯、导线、电流表。

锌片、铜片、石墨棒、稀硫酸等。

【教学流程】

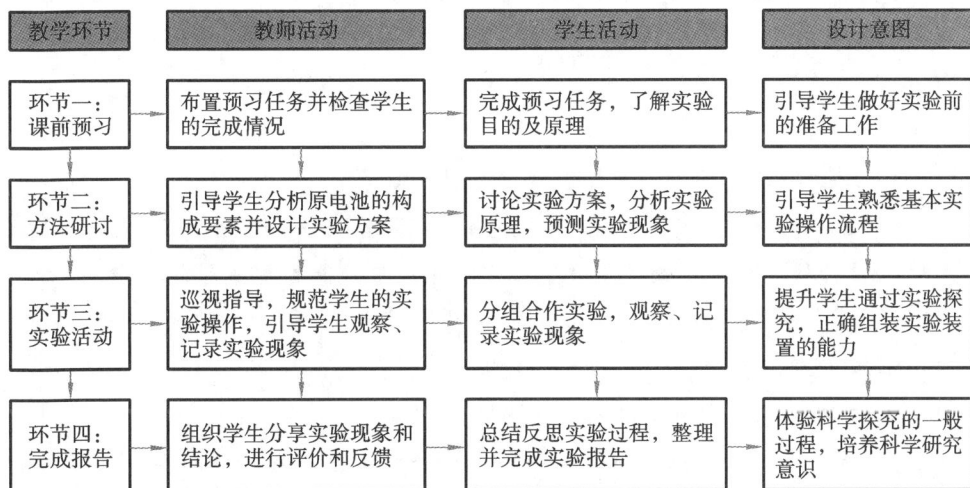

教学环节	教师活动	学生活动	设计意图
环节一：课前预习	布置预习任务并检查学生的完成情况	完成预习任务，了解实验目的及原理	引导学生做好实验前的准备工作
环节二：方法研讨	引导学生分析原电池的构成要素并设计实验方案	讨论实验方案，分析实验原理，预测实验现象	引导学生熟悉基本实验操作流程
环节三：实验活动	巡视指导，规范学生的实验操作，引导学生观察、记录实验现象	分组合作实验，观察、记录实验现象	提升学生通过实验探究，正确组装实验装置的能力
环节四：完成报告	组织学生分享实验现象和结论，进行评价和反馈	总结反思实验过程，整理并完成实验报告	体验科学探究的一般过程，培养科学研究意识

【教学过程】

环节一：课前预习

［设计作业］教师设计预习任务，要求学生完成以下课前作业。

1. 什么是原电池？

2. 形成一个原电池需要哪些要素？

[预习] 学生阅读教科书中本实验的内容或查阅资料，完成上述预习任务。

[检查] 检查学生的预习情况，要求学生掌握形成原电池的条件：必须同时具备电极、闭合回路、自发的氧化还原反应等要素。

环节二：方法研讨

[引入] 通过前面的学习，我们已经知道了原电池是将化学能转化成电能的装置，形成一个简易原电池需要电极、闭合回路、氧化还原反应等要素。本节课我们将在实验室里亲自动手实验，一起认识形成原电池的条件，体验化学能直接转化成电能的过程。

[投影] 实验目的：认识原电池的构成要素及其作用，理解氧化还原反应在化学能转化成电能过程中的作用，体会化学的价值。

[提问] 用导线将电流表分别与锌片、铜片相连接，使锌片与铜片接触，电流表指针是否发生偏转？

[追问] 如果用石墨棒代替铜片进行上述实验，电流表指针是否发生偏转？

[布置任务] 请同学们以小组为单位，利用实验室提供的实验用品，设计实验探究选择活性不同的电极材料和闭合回路能否形成原电池。

[投影]

试剂：锌片、铜片、石墨棒、稀硫酸等。

[讨论] 学生根据提供的实验用品讨论并设计实验方案，分析实验原理，预测实验现象，汇报交流。

[提问] 如果将锌片插入盛有稀硫酸的烧杯里，会观察到什么现象？再插入铜片，又会观察到什么现象？

[追问] 取出铜片，插入石墨棒会观察到什么现象？

[布置任务] 请同学们以小组为单位，利用实验室提供的实验用品，设计实验探究有了电极材料和电解质溶液（即有了氧化还原反应）能否形成原电池。

[讨论] 学生根据提供的实验用品讨论并设计实验方案，分析实验原理，预测实验现象，汇报交流。

[小结] 根据学生的讨论，小结实验方案并投影。

[投影] 设计两组不同电极材料的实验：用导线将电流表分别与锌片、铜片相连接，使锌片与铜片接触；用导线将电流表分别与锌片、石墨棒相连接，使锌片与石墨棒接触。

[提问] 用锌片、铜片和石墨棒（作为电极材料），以及稀硫酸、导线和电流表组装原电池，能否产生电流？

[布置任务] 请同学们以小组为单位，利用实验室提供的实验用品，设计实验探

究有了电极材料、闭合回路和电解质溶液能否形成原电池，并作出合理解释。

环节三：实验活动

实验过程中学生两人一组，积极思考，分工合作，动手操作，观察并记录实验现象；教师进行巡视和指导，引导学生观察现象，纠正学生不规范的操作。

［活动一］分组实验：不同电极材料的实验

实验1：用导线将电流表分别与锌片、铜片相连接，使锌片与铜片接触，观察电流表指针是否发生偏转；用石墨棒代替铜片进行上述实验，解释所观察到的现象。

实验2：将锌片插入盛有稀硫酸的烧杯里，观察现象；再插入铜片，观察现象；取出铜片，插入石墨棒，观察现象。

［活动二］分组实验：原电池实验

实验1：用锌片和铜片作为电极材料，与稀硫酸、导线和电流表组装成原电池，探究其能否产生电流，并作出解释。

实验2：将电极材料换成锌片和石墨棒，重复完成实验。

实验3：将电极材料换成铜片和石墨棒，重复完成实验。

环节四：完成报告

［提问］大家观察到哪些实验现象？由实验现象可以得出形成一个原电池需要哪些要素？

［交流］各组讨论并分享实验现象和结论。

［小结］通过本实验可知电极材料、闭合回路、自发的氧化还原反应等几个要素同时具备才能形成原电池。

［作业］完成实验报告。

分组实验：不同电极材料的实验

	实验步骤	实验现象	实验结论
实验1	（1）用导线将电流表分别与锌片、铜片相连接，使锌片与铜片接触，观察电流表指针是否发生偏转。		
	（2）用石墨棒代替铜片进行上述实验，观察电流表指针是否发生偏转。		
实验2	（1）将锌片插入盛有稀硫酸的烧杯里，观察现象。		
	（2）再插入铜片，观察现象。		
	（3）取出铜片，插入石墨棒，观察现象。		

分组实验：原电池实验

	实验步骤	实验现象	实验结论
实验1	用锌片和铜片作为电极材料，与稀硫酸、导线和电流表组装成原电池，试验其能否产生电流。		

	实 验 步 骤	实 验 现 象	实 验 结 论
实验2	将电极材料换成锌片和石墨棒，重复完成实验。		
实验3	将电极材料换成铜片和石墨棒，重复完成实验。		

[讨论]

1.说明原电池的构成要素和工作原理，以及组装原电池的操作注意事项。

2.能否用铁片作为电极材料代替铜锌原电池中的锌片？为什么？

【板书设计】

化学能转化成电能

一、不同电极材料的实验

二、原电池实验

$$\left.\begin{array}{l} 电极 \\ 闭合电路 \\ 氧化还原反应 \end{array}\right\} 原电池$$

【课后反思】

本实验为学生必做实验，属于探究性实验。其任务是通过实验探究原电池的构成要素，理解氧化还原反应在化学能转化成电能过程中的作用，体会化学学习的价值。主要有以下特点。

1.养成科学的态度，学会科学的研究方法。实验中提出问题"形成一个原电池需要哪些要素"之后，先请学生进行假设与猜想；然后分小组设计实验方案，并用表格的形式展示各小组的设计思路；接着，通过小组之间交流和讨论比较实验方案的优劣。在此环节中，让学生学会运用控制变量的思想方法理解原电池的构成要素；通过控制变量进行对比，使学生养成科学的态度，学会科学的研究方法。最后，让学生带着明确的问题和清晰的思路进行实验操作。

2.提高模型认知能力，培养化学学科核心素养。实验中鼓励学生发现并提出有价值的问题，促进学生科学思维的发展，培养良好的实验素养。借助原电池装置和原理的学习，体会化学能到电能的直接转化，提高模型认知能力，学习科学的探究方法。

建议：教师在讲解原电池的构成要素时，对本实验活动涉及的装置不要形成绝对化的结论，要为后续教学留有余地，如燃料电池中使用相同的电极材料等情况。同时，实验活动也可以向半定量层面进一步拓展，如适当增加一些实验器材，开展电极材料的表面积大小、两个电极之间距离的远近、电解质溶液类型等不同条件下的探究实验，提升学生思维的深度和广度。

教学案例 6 探究影响化学平衡移动的因素

【教学思路】

本实验属于探究性实验，其主要目的是通过探究浓度、温度对化学平衡移动的影响，加深学生对化学平衡移动原理的理解。学生在本次实验前已经学习了"化学反应速率""化学平衡"等内容，了解了浓度、温度、压强、催化剂等外界条件对化学平衡移动的影响，初步认识了勒夏特列原理，为本次实验的学习奠定了基础。并且，学生已经具备了一定的实验探究能力，可以通过本次实验的学习，进一步激发学习的主动性。

实验课前，教师安排学生完成预习作业，并在实验开始前检查学生的完成情况。本实验涉及的操作比较简单，学生能独立完成，因此课前提供给学生的作业主要是与实验相关的知识内容。学生通过完成预习作业，可以明确实验目的，了解实验涉及的化学反应，熟悉实验药品在实验中的作用。

实验课上，由于本实验涉及一些学生不熟悉的反应，教师可以先通过问答、讲授的形式帮助学生分析这些反应，使学生理解实验原理；然后，教师引导学生自主设计实验方案，探究浓度、温度对化学平衡移动的影响，通过师生互动讨论解决实验中的重难点问题；接着，学生在教师的组织下动手实验，教师进行巡视和指导；最后，学生分组分享实验现象和结论并填写实验报告，教师课后收集批阅。

本实验通过宏观的实验现象引导学生辨识平衡移动的方向，得出浓度、温度对化学平衡移动的影响规律，加深学生对勒夏特列原理的理解，培养学生的证据推理与模型认知的学科核心素养；通过变量控制、对比等科学方法，发展学生的归纳和推理能力，提升学生的科学探究能力与创新意识等学科核心素养。

【教学目标】

1.能运用勒夏特列原理，分析相关变量的控制，预测实验现象。

2.通过实验探究浓度、温度对化学平衡移动的影响，进一步认识勒夏特列原理，培养证据意识与推理能力、变化观念与平衡思想。

3.通过自主设计实验方案，提升实验设计能力，进一步学习变量控制、对比等科学方法，培养科学思维与实验探究能力。

【教学重难点】

浓度、温度对化学平衡移动的影响；变量控制、对比等科学方法。

【实验准备】

根据学生分组，准备相应的实验用品。

小烧杯、大烧杯、量筒、试管、试管架、玻璃棒、胶头滴管、酒精灯、两个封

装有 NO_2 和 N_2O_4 混合气体的圆底烧瓶、火柴。

铁粉、0.05 mol/L $FeCl_3$ 溶液、0.15 mol/L KSCN 溶液、0.1 mol/L $K_2Cr_2O_7$ 溶液、6 mol/L NaOH 溶液、6 mol/L H_2SO_4 溶液、0.5 mol/L $CuCl_2$ 溶液、热水、冰块、蒸馏水等。

【教学流程】

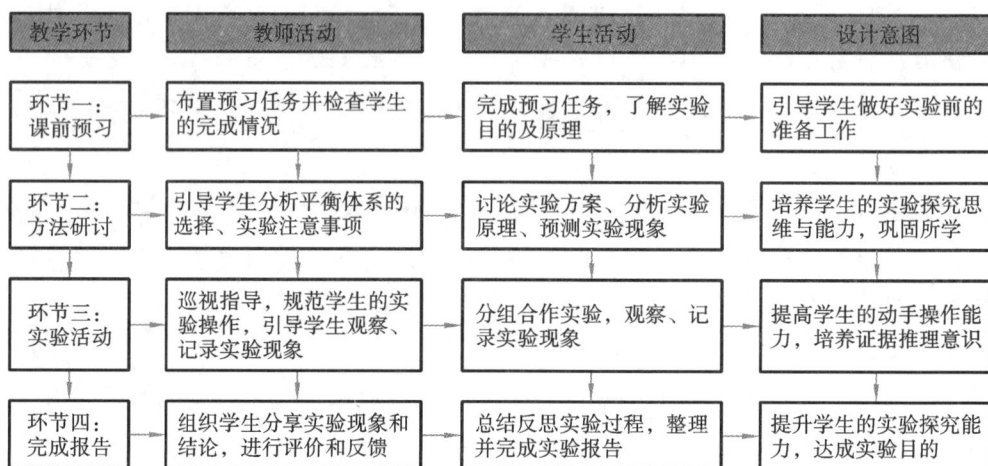

教学环节	教师活动	学生活动	设计意图
环节一：课前预习	布置预习任务并检查学生的完成情况	完成预习任务，了解实验目的及原理	引导学生做好实验前的准备工作
环节二：方法研讨	引导学生分析平衡体系的选择、实验注意事项	讨论实验方案、分析实验原理、预测实验现象	培养学生的实验探究思维与能力，巩固所学
环节三：实验活动	巡视指导，规范学生的实验操作，引导学生观察、记录实验现象	分组合作实验，观察、记录实验现象	提高学生的动手操作能力，培养证据推理意识
环节四：完成报告	组织学生分享实验现象和结论，进行评价和反馈	总结反思实验过程，整理并完成实验报告	提升学生的实验探究能力，达成实验目的

【教学过程】

环节一：课前预习

[设计作业] 教师设计预习任务，要求学生完成以下课前作业。

1.什么是勒夏特列原理？浓度、温度、压强是如何影响化学平衡状态的？

2.写出 $FeCl_3$ 溶液与 KSCN 溶液反应、$K_2Cr_2O_7$ 与 K_2CrO_4 相互转化的离子方程式，并分析反应前后溶液颜色的变化。

3.写出 $[Cu(H_2O)_4]^{2+}$ 与 $[CuCl_4]^{2-}$、NO_2 与 N_2O_4 相互转化的离子方程式，并分析反应前后的颜色变化及热量变化。

4.明确实验目的，熟悉实验用品在本实验中的作用，分析实验过程中各个步骤加入试剂的目的及预期的实验现象。

[预习] 学生阅读教科书中本实验的内容或查阅资料，完成上述预习任务。

[检查] 检查学生的预习情况，要求学生能掌握勒夏特列原理，以及浓度、温度、压强等对化学平衡的影响，写出本实验涉及的四个反应的离子方程式，清楚反应前后的颜色变化及热量变化。

环节二：方法研讨

[引入] 通过前面的学习，我们已经知道了浓度、温度等外界因素对化学平衡的影响的理论知识。本节课我们将在实验室里动手实验，进一步探究浓度、温度等因素对化学平衡的影响。

[投影] 实验目的：探究浓度、温度等因素对化学平衡的影响，进一步学习控制变量、对比等科学方法。

[提问] 本实验探究外界条件对化学平衡影响，对实验对象有哪些要求？

[回答] 实验现象明显并且易于观察，条件易于控制。

[投影] 本实验选取的四个平衡体系对应的离子反应方程式：

(1)　　$Fe^{3+} + 3SCN^- \rightleftharpoons Fe(SCN)_3$

　　（浅黄色）　（无色）　　　（红色）

(2) $Cr_2O_7^{2-} + H_2O \rightleftharpoons 2CrO_4^{2-} + 2H^+$

　　（橙色）　　　　　　（黄色）

(3) $[Cu(H_2O)_4]^{2+} + 4Cl^- \rightleftharpoons [CuCl_4]^{2-} + 4H_2O$　　　$\Delta H > 0$

　　　　　（蓝色）　　　　　　　　（黄色）

(4)　　$2NO_2 \rightleftharpoons N_2O_4$　　　$\Delta H < 0$
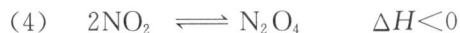
　　（红棕色）　　　（无色）

[讲授] 选择上述四个反应体系作为研究对象是因为它们反应前后颜色变化明显，便于观察现象，易于得出结论，并且这四组实验简单易行，便于操作。

[布置任务] 请同学们以小组为单位，利用实验室所提供的实验用品，借助上述(1)(2)两个平衡体系，设计实验探究浓度对化学平衡的影响；借助上述(3)(4)两个平衡体系，设计实验探究温度对化学平衡的影响。

[投影] 仪器：小烧杯、大烧杯、量筒、试管、试管架、玻璃棒、胶头滴管、酒精灯、两个封装有 NO_2 和 N_2O_4 混合气体的圆底烧瓶。

试剂：铁粉、0.05 mol/L $FeCl_3$ 溶液、0.15 mol/L KSCN 溶液、0.1 mol/L $K_2Cr_2O_7$ 溶液、6 mol/L NaOH 溶液、6 mol/L H_2SO_4 溶液、0.5 mol/L $CuCl_2$ 溶液、蒸馏水。

其他：火柴、热水、冰块等。

[讨论] 学生根据提供的实验用品讨论并设计实验方案，分析实验原理，预测实验现象，汇报交流。

[小结] 根据学生的讨论，小结实验方案并投影。

[投影] 借助 $FeCl_3$ 溶液与 KSCN 溶液的反应，通过增大平衡体系中 Fe^{3+} 或 SCN^- 的浓度探究增大反应物浓度对化学平衡的影响；通过向上述反应后的体系中加铁粉，探究减小反应物浓度对化学平衡的影响。借助 $K_2Cr_2O_7$ 溶液中的平衡体系，通过改变体系中酸或碱的浓度探究增大或减少生成物浓度对化学平衡的影响。分别借助 $CuCl_2$ 溶液、NO_2 与 N_2O_4 混合气体两个平衡体系，通过改变体系的温度，探究温度对化学平衡的影响。

[提问] 在探究浓度对化学平衡的影响的实验中，要使改变浓度前后颜色变化明显、便于观察，在浓度上需要注意什么？如何做到仅改变反应体系中某种物质的浓度，而其他物质的浓度尽量保持不变，即控制单一变量？在探究温度对化学平衡的

影响的实验中，如何操作可以使现象明显、便于观察？

［提示］

实验注意事项如下。

1.在探究浓度对化学平衡的影响的实验中，对于 $FeCl_3$ 溶液与 KSCN 溶液反应后建立的平衡体系而言，最初得到 $Fe(SCN)_3$ 的浓度要小，再滴加较浓的 $FeCl_3$ 溶液或 KSCN 溶液才能观察到明显的现象；对于 $K_2Cr_2O_7$ 溶液的平衡体系而言，直接在加碱后的体系中加酸，可以增强颜色对比，便于观察。滴加的酸或碱的浓度要大一些，以减少加入量，减少溶液体积对实验的影响，控制单一变量。

2.在探究温度对化学平衡影响的实验中，可以使升温和降温交替进行，这样颜色对比会更明显。另外 $CuCl_2$ 溶液中 Cl^- 的浓度会影响溶液的颜色，观察现象时要考虑这一点。

环节三：实验活动

实验过程中学生两人一组，积极思考，分工合作，动手操作，观察并记录实验现象；教师进行巡视指导，引导学生观察现象，纠正学生不规范的操作。

［活动一］分组实验：浓度对化学平衡的影响

实验1：$FeCl_3$ 溶液与 KSCN 溶液的反应

(1) 在小烧杯中加入 10 mL 蒸馏水，再滴入 5 滴 0.05 mol/L $FeCl_3$ 溶液、5 滴 0.15 mol/L KSCN 溶液，用玻璃棒搅拌，使其充分混合，将混合均匀的溶液平均注入 a、b、c 三支试管中。

(2) 向试管 a 中滴入 5 滴 0.05 mol/L $FeCl_3$ 溶液，向试管 b 中滴入 5 滴 0.15 mol/L KSCN 溶液，观察并记录实验现象，与试管 c 进行对比。

(3) 继续向上述两支试管中分别加入少量铁粉，观察并记录实验现象。

实验2：浓度对 $K_2Cr_2O_7$ 溶液中化学平衡的影响

取一支试管，加入 2 mL 0.1 mol/L $K_2Cr_2O_7$ 溶液，向试管中滴加 5～10 滴 6 mol/L NaOH 溶液，观察并记录实验现象；然后向试管中继续滴加 5～10 滴 6 mol/L H_2SO_4 溶液，观察并记录实验现象。

［活动二］分组实验：温度对化学平衡的影响

实验1：温度对 $CuCl_2$ 溶液中化学平衡的影响

取两支试管，分别加入 2 mL 0.5 mol/L 的 $CuCl_2$ 溶液，将其中的一支试管先加热，然后置于冷水中，观察并记录实验现象，与另一支试管进行对比。

实验2：温度对 NO_2 和 N_2O_4 混合气体中化学平衡的影响

取两个封装有 NO_2 和 N_2O_4 混合气体的圆底烧瓶（编号分别为 1 和 2），将它们分别浸泡在盛有热水和冷水的大烧杯中，比较两个烧瓶里气体的颜色。将两个烧瓶互换位置，稍等片刻，再比较两个烧瓶里气体的颜色。

环节四：完成报告

［提问］大家观察到了哪些实验现象？由实验现象可以得出哪些结论？

［交流］各组讨论并分享实验现象和结论。

［小结］通过这两组实验，可以得出以下结论。

1.在其他条件不变时，增大反应物浓度或减小生成物浓度，化学平衡向正反应方向移动；减小反应物浓度或增大生成物浓度，化学平衡向逆反应方向移动。

2.在其他条件不变时，升高温度，化学平衡向吸热反应方向移动；降低温度，化学平衡向放热反应方向移动。

［作业］完成实验报告。

分组实验：浓度对化学平衡的影响

实 验 步 骤		实验现象	结 论
实验1	（1）在小烧杯中加入 10 mL 蒸馏水，再滴入 5 滴 0.05 mol/L $FeCl_3$ 溶液、5 滴 0.15 mol/L KSCN 溶液，用玻璃棒搅拌，使其充分混合，将混合均匀的溶液平均注入 a、b、c 三支试管中。向试管 a 中滴入 5 滴 0.05 mol/L $FeCl_3$ 溶液，观察并记录实验现象。		
	（2）向试管 b 中滴入 5 滴 0.15 mol/L KSCN 溶液，观察并记录实验现象。		
	（3）继续向试管 a 中加入少量铁粉，观察并记录实验现象。		
	（4）继续向试管 b 中加入少量铁粉，观察并记录实验现象。		
实验2	（1）取一支试管，加入 2 mL 0.1 mol/L $K_2Cr_2O_7$ 溶液，向试管中滴加 5～10 滴 6 mol/L NaOH 溶液，观察并记录实验现象。		
	（2）向试管中继续滴加 5～10 滴 6 mol/L H_2SO_4 溶液，观察并记录实验现象。		

分组实验：温度对化学平衡的影响

实 验 步 骤		实验现象	结 论
实验1	（1）加热试管。		
	（2）将上述试管置于冷水中。		

实验2	烧瓶编号	1	2
	实验步骤	（1）置于热水	（1）置于冷水
	实验现象		

续表

实验2	烧瓶编号	1	2
	实验步骤	（2）置于冷水	（2）置于热水
	实验现象		
	结论		

[思考交流] 还能设计出哪些实验证明浓度、温度对化学平衡有影响？

【板书设计】

探究影响化学平衡移动的因素

$$Fe^{3+} + 3SCN^- \rightleftharpoons Fe(SCN)_3$$
（浅黄色）（无色）（红色）

$$Cr_2O_7^{2-} + H_2O \rightleftharpoons 2CrO_4^{2-} + 2H^+$$
（橙色）（黄色）

其他条件不变，增大 c（反应物）或减小 c（生成物），化学平衡向正反应方向移动；减小 c（反应物）或增大 c（生成物），化学平衡向逆反应方向移动。

$$[Cu(H_2O)_4]^{2+} + 4Cl^- \rightleftharpoons [CuCl_4]^{2-} + 4H_2O \qquad \Delta H > 0$$
（蓝色）（黄色）

$$2NO_2 \rightleftharpoons N_2O_4 \qquad \Delta H < 0$$
（红棕色）（无色）

其他条件不变，升高温度，化学平衡向吸热反应方向移动；降低温度，化学平衡向放热反应方向移动。

【课后反思】

本实验是探究基本原理的实验，其任务是通过实验探究浓度、温度对化学平衡移动的影响，加深对化学平衡移动原理的理解。主要有以下特点。

1. 设计科学，层次分明。在预习环节，要求学生预习本实验涉及的化学反应，消除知识障碍，统一学生对本实验的认识，以便学生在理解实验原理的基础上进行实验；在方法研讨环节，教师引导学生分析实验对象，学生在给定试剂的前提下设计实验方案，预测实验现象，分析相关变量的控制；在实验活动和完成报告环节，学生分组实验，动手操作，观察实验现象，得出实验结论并交流分享，最后完成实验报告。整个教学环节科学合理，符合学生的认知规律。

2. 分工合作，充分交流。本节课紧紧围绕浓度、温度对化学平衡移动的影响这个主题，学生在讨论中设计实验方案，在操作中合作探究，依据证据进行科学推理。通过问题引导、任务分解、分工合作、交流分享，学生顺利完成外界条件影响化学平衡移动的知识建构。

3. 注重探究，启发思维。学生基于勒夏特列原理，预测浓度、温度对化学平衡移动的影响，设计实验方案并进行实验验证，充分发挥实验探究对化学反应原理的实证功能。为了观察到明显的现象，增强颜色对比，对于 $K_2Cr_2O_7$ 溶液，直接在加碱后的体系中加酸；对于封装有 NO_2 和 N_2O_4 混合气体的圆底烧瓶，将升温和降温交替进行。为了控制单一变量，向 $K_2Cr_2O_7$ 溶液中滴加较浓的酸或碱，以减少加入量，减少溶液体积对实验的影响。通过本节课的学习，学生能进一步学习控制变量、对比等科学方法，发展归纳和推理能力，提升高阶思维能力和科学探究素养。

建议：实验活动完成后，可以让学生展开讨论，引导学生从勒夏特列原理和物质性质的角度，分析本实验还可以选择哪些试剂来探究浓度、温度对化学平衡的影响。对于接受能力强的学生，还可适当增加实验的开放度，让学生自主选择实验对象，自主设计实验方案，经评价、改进后按最终确定的方案进行实验。

教学案例7　强酸与强碱的中和滴定

【教学思路】

本实验属于定量实验。学生在本实验前对酸碱中和滴定的实质已有基本的认识，且通过一定物质的量浓度溶液的配制实验对定量实验的基本原则已有所了解。

实验课前，教师安排学生完成预习作业，并在实验开始前检查学生的完成情况。本实验涉及新的实验仪器的使用及精准的实验操作，因此课前提供给学生的预习作业主要是与实验操作有关的内容。学生通过完成预习作业，能明确实验目的、理解实验原理、认识酸式滴定管和碱式滴定管、熟悉实验操作步骤。

实验课上，首先由教师通过提问和讲授等方式使学生明确实验目的，认识酸式滴定管和碱式滴定管的构造，了解实验注意事项；然后教师分别示范两种滴定管的正确操作方法，并解说操作细节，使学生对仪器的使用建立更直观的认识；接着学生在教师的指导下动手实验，教师进行巡视和指导；最后，学生分组分享实验数据并填写实验报告，教师收集并批阅。

【教学目标】

1.通过练习中和滴定的实验操作，培养动手操作能力和合作交流能力。

2.能理解中和滴定的原理，会探究酸碱中和反应过程中 pH 的变化特点。

3.通过实验进一步掌握数据处理和误差分析的方法，体会定量实验在化学研究中的作用。

【教学重难点】

滴定管的使用，滴定终点的判断。

【实验准备】

酸式滴定管、碱式滴定管、滴定管夹、烧杯、锥形瓶、铁架台。

0.1000 mol/L HCl 溶液、0.1000 mol/L 左右的 NaOH 溶液、酚酞溶液、蒸馏水等。

【教学流程】

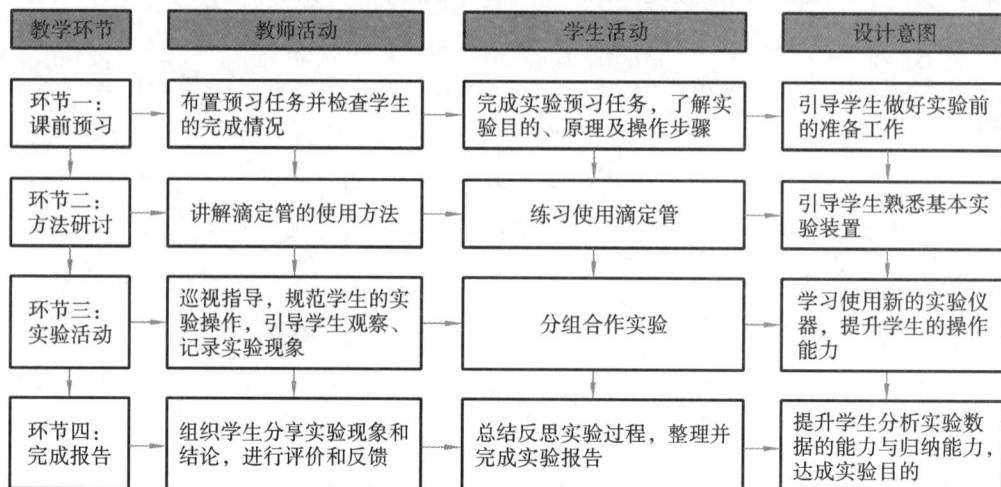

【教学过程】

环节一：课前预习

[设计作业] 教师设计预习任务，要求学生完成以下课前作业。

1. 写出强酸与强碱反应的离子反应方程式。

2. 酸碱指示剂有哪些？其中哪些可用作酸碱中和滴定的指示剂？请说明原因。

3. 酸式滴定管与碱式滴定管在构造上有什么区别？指出它们的适用范围。

4. 滴定管的使用步骤有哪些？

[预习] 学生阅读教科书中本实验的内容或查阅资料，完成上述预习任务。

[检查] 检查学生的预习情况，要求学生掌握酸碱中和反应的实质，写出酚酞和甲基橙这两种酸碱中和滴定指示剂的变色范围，指出两种滴定管下端材质与造型的区别，明确滴定管的使用步骤。

环节二：方法研讨

[讲授] 通过之前的学习，我们已经了解酸碱中和滴定的实质，认识了酸式滴定管和碱式滴定管。本节课我们将在实验室里动手实验，探究酸碱中和反应过程中的 pH 变化特点。

[投影] 强酸与强碱的中和滴定，酸式滴定管与碱式滴定管的放大图。

[提问] 酸式滴定管不能盛放碱性液体、碱式滴定管不能盛放具有强氧化性的液体，原因是什么？

[讨论] 碱性液体可与酸式滴定管磨口活塞中的 SiO_2 反应生成水玻璃，其黏性会使活塞难以转动。而碱式滴定管下端的乳胶管中含有碳碳双键，容易被强氧化剂氧化而腐蚀。

[提问] 如何排出酸式滴定管和碱式滴定管中的气泡？

[讨论] 由于空气的密度比水的密度小，酸式滴定管可通过快速放液使气泡向上冒出。碱式滴定管则需将乳胶管斜向上弯曲，挤压玻璃球，使气泡向上冒出。

[示范] 教师演示滴定管的使用方法，学生同步练习（均使用蒸馏水）。

1.检漏：向滴定管中加入一定量的蒸馏水（直接用试剂瓶对准管口倾倒），关闭活塞，看是否有液体流下。

2.洗涤：向滴定管中加入蒸馏水，倾斜着转动滴定管，使液体充分接触全部滴定管内壁，然后一手轻轻转动酸式滴定管的活塞，或者轻轻挤压碱式滴定管的玻璃球，将液体排出。

3.润洗：从滴定管上口加入 3～5 mL 所要盛装的酸或碱，倾斜着转动滴定管，使液体充分润湿全部滴定管内壁，然后将液体从滴定管下部放入预置的烧杯中。

4.加液：分别将酸、碱加入酸式、碱式滴定管中，使液面位于滴定管"0"刻度以上 2～3 mL 处，并将滴定管垂直固定在滴定管夹上。

5.调节起始读数：在滴定管下放一个烧杯，调节酸式滴定管的活塞，或轻轻挤压碱式滴定管的玻璃球，使滴定管尖嘴部分充满反应液（若滴定管内部有气泡，应先排气泡），使液面位于"0"刻度或"0"刻度线以下，准确记录读数。

6.放液：根据实验需要，从滴定管中放出一定量的反应液。开始可以快速放液，接近终点时应逐滴放液。

[提问] 接近滴定终点时，多加一滴酸或碱溶液会使 pH 产生很大的变化。如何操作可使滴定结果更准确？

[讨论] 可少量多次滴加，将一滴拆成半滴。

[示范] 半滴操作：轻轻转动酸式滴定管的玻璃活塞，或轻轻挤压碱式滴定管的玻璃球，使一滴液体悬挂在滴定管下端并保持不滴落，然后用锥形瓶内壁将其沾落，再用洗瓶以少量蒸馏水冲洗锥形瓶内壁。

[提示] 实验注意事项：定量实验需确保测量的准确性。

1.滴定前滴定管应润洗。

2.滴定过程中应均匀摇动锥形瓶，避免剧烈摇动而使液体溅出。

3.滴定前后应平视读数，准确记录数据。

环节三：实验活动

两人一组，轮流进行盐酸滴定氢氧化钠溶液的实验（一人独立实验，另一人观察）。每组共完成三次滴定，将数据记录在表格中。教师进行巡视，指导学生观察现象，纠正学生不规范的操作。

[活动一] 分组实验：练习使用滴定管
学生按照教师的示范，用蒸馏水练习使用酸式滴定管和碱式滴定管。

[活动二] 分组实验：用已知浓度的强酸滴定未知浓度的强碱

1. 向润洗过的酸式滴定管中加入 0.1000 mol/L HCl 溶液，赶出气泡、调整液面并记录起始读数。

2. 向润洗过的碱式滴定管中加入 NaOH 待测液，赶出气泡、调整液面后，向锥形瓶中滴入 25.00 mL 待测溶液，再向其中加入 2 滴酚酞溶液，此时溶液呈红色。

3. 把锥形瓶放在酸式滴定管下方，瓶下垫一张白纸，小心滴入盐酸标准液。边滴边水平摇动锥形瓶（滴加速度先快后慢，接近终点时改为滴加半滴酸），直到因加入半滴酸后，溶液颜色从粉红色刚好变为无色，且半分钟内不变色（注意实验过程中，眼睛应关注锥形瓶内液体颜色的变化）。记录酸式滴定管的读数。

4. 重复上述实验两次。滴定管无须再进行检漏、润洗，直接加液、调整读数后使用。

5. 数据处理。将实验数据填入下表中。

滴定次数	待测液 NaOH 溶液的体积/mL	0.1000 mol/L HCl 标准液		
		起始读数/mL	终点读数/mL	体积/mL
1				
2				
3				

环节四：完成报告

[提问] 大家的三组滴定实验的数据接近吗？能否直接平均？

[讨论] 各组讨论并分享实验数据。若有一次实验结果与其他两次偏差较大，需舍去再平均。

[提问] 大家测出的 NaOH 待测液的浓度是多少？和 0.1000 mol/L 差别大吗？实验过程中哪些错误操作会产生实验误差呢？

[讨论] 可能会产生实验误差的操作。

实验准备环节：滴定管未排气泡、未润洗。

实验环节：读数时仰视或俯视，摇动锥形瓶时有液体溅出，接近终点时滴加速度过快。

[作业] 完成实验报告。

1. 待测 NaOH 溶液中 NaOH 的物质的量浓度为_____。

2. 酸碱中和滴定的误差分析。

步骤	操作	V（标准）	c（待测）
洗涤	酸式滴定管未用标准溶液润洗		
	碱式滴定管未用待测溶液润洗		
	锥形瓶洗净后还留有蒸馏水		
	锥形瓶用待测溶液润洗		

续表

步骤	操　作	V（标准）	c（待测）
取液	碱式滴定管在放出液体前有气泡，放出液体后气泡消失		
滴定	酸式滴定管滴定前有气泡，滴定到终点时气泡消失		
	振荡锥形瓶时有部分液体溅出		
	部分酸性溶液滴出锥形瓶外		
	溶液颜色较浅时滴入酸性溶液过快，停止滴定后反加一滴 NaOH 溶液，溶液颜色无变化		
滴定读数	酸式滴定管滴定前读数正确，滴定后俯视读数		
	酸式滴定管滴定前读数正确，滴定后仰视读数		

【板书设计】

强酸与强碱的中和滴定

一、练习使用滴定管

检漏→洗涤→润洗→加液→调节起始读数→放液

二、用已知浓度的强酸滴定未知浓度的强碱

【课后反思】

本实验是一个定量实验，其任务是通过探究酸碱中和反应过程中 pH 的变化特点，进一步掌握数据分析的方法。主要有以下特点。

1. 设计科学，重点突出。本次实验课紧紧围绕酸碱中和滴定的实验操作，从酸、碱滴定管的使用到 NaOH 溶液浓度的测定，均以实验操作为主。学生在练习的过程中逐步熟练滴定管的使用，掌握酸碱中和滴定的实验操作步骤。

2. 数据处理，培养科学思维。学生在对实验数据分析与处理的过程中，能认识到定量实验的特点，每一个细小的失误都可能导致实验结果的不准确，从而培养严谨的科学思维。

建议：本实验是强酸与强碱的中和滴定，课后可以给出不同酸碱（给出 K_a 和 K_b）让学生进行中和滴定实验的设计，帮助学生进一步建立中和反应、弱电解质的电离及盐类水解的联系，构建溶液中离子平衡的知识网络。

教学案例 8　乙酸乙酯的制备与性质

【教学思路】

本实验属于有机物的制备与性质检验实验。实验前，学生已经学习了有机物分离提纯的方法及相关酸、醇、酯类有机物的物理、化学性质，具备本实验的理论基础和基本实验操作技能。

实验课前，教师先通过布置课前预习作业及课堂上师生共同的复习回顾，使学生进一步明确实验目的、厘清实验步骤；然后，通过方法研讨，教师引导学生依据反应物及生成物的物理、化学性质，提出乙酸乙酯制备的方法及乙酸乙酯水解条件探究的设计思路和实施方案，并着重强调实验安全注意事项和关键实验操作，以确保学生能顺利完成实验活动；接着，学生通过具体的实验活动达成实验目的，培养实验操作能力及实验观察能力；最后，学生通过实验总结与反思、撰写实验报告，建立宏观现象与微观本质的联系，加深对酯化反应和酯的水解反应的认识。

【教学目标】

1.通过完成乙酸乙酯的制备实验，能理解酯化反应的原理。

2.通过探究乙酸乙酯的水解条件，能认识酯的水解反应实质，进一步学会控制变量法。

【教学重难点】

乙酸乙酯的制备，乙酸乙酯的水解速率比较。

【实验准备】

试管、试管夹、烧杯、量筒、胶头滴管、玻璃导管、乳胶管、橡胶塞、铁架台、水浴锅、酒精灯、火柴、秒表、碎瓷片。

乙醇、乙酸、浓硫酸、饱和 Na_2CO_3 溶液、乙酸乙酯、蒸馏水、3 mol/L H_2SO_4 溶液、6 mol/L NaOH 溶液等。

【教学流程】

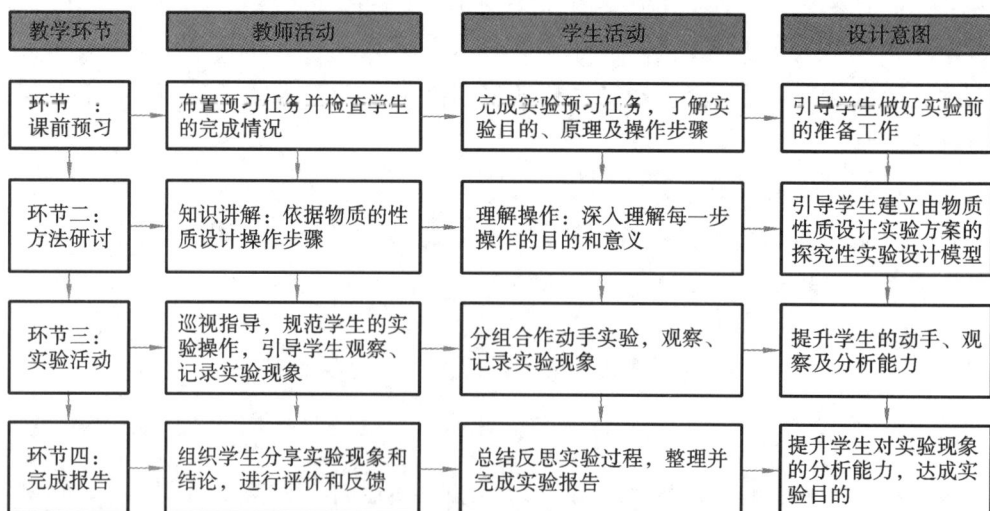

【教学过程】

环节一：课前预习

[设计作业] 教师设计预习任务，要求学生完成以下课前作业。

1.写出乙酸乙酯制备的化学反应方程式，并指出各试剂的作用。

2.写出乙酸乙酯在酸性和碱性环境下的化学反应方程式。

3.液体加热时加入碎瓷片的目的是什么？

[预习] 学生阅读教科书中本实验的内容或查阅资料，完成上述预习任务。

[检查] 检查学生的预习情况，要求学生能写出乙酸乙酯制备的化学反应方程式，知道浓硫酸的吸水作用，掌握乙酸乙酯在酸性环境下水解可逆而在碱性环境下水解不可逆的原因，了解碎瓷片的作用。

环节二：方法研讨

[引入] 乙酸乙酯是生产生活中重要的有机化合物。本节课我们将制备乙酸乙酯并探究其在不同 pH 环境下的水解反应。

[投影] 实验目的：学习乙酸乙酯的制备方法，探究不同 pH 环境下乙酸乙酯的水解反应。

[提问] 已知乙醇、乙酸和乙酸乙酯在常温常压下的沸点依次为 78 ℃、118 ℃和 77 ℃，在反应加热的同时，反应物和生成物都会从体系中挥发出来。因此，我们只需在核心反应装置上接一个烧瓶或试管即可收集产物。若想在此装置中同时实现产物的除杂，可选用什么试剂？

[讨论] 乙酸乙酯难溶于水，可在收集瓶中盛放水溶液，在除杂的同时实现分离；乙醇可直接被水吸收；乙酸既可溶于水又可溶于乙酸乙酯，可加碱生成盐，从而提高水溶性，实现与乙酸乙酯的分离。但由于乙酸乙酯在碱性溶液中易水解，因此溶液的碱性不能过强，可选用饱和 Na_2CO_3 水溶液来除杂。

[讲授] Na_2CO_3 的加入还可以降低乙酸乙酯在水中的溶解度，从而使水和酯更好分离。注意乙醇和乙酸的水溶性都很强，因此气体通入导气管时需要防止倒吸。简单的实验装置如下图所示。

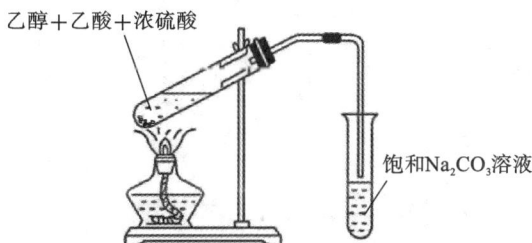

乙醇+乙酸+浓硫酸

饱和Na_2CO_3溶液

[提问] 从经济、产率、安全等不同的角度考虑，三种试剂应按什么顺序添加？

[讨论] 浓硫酸与乙酸或乙醇混合相当于浓硫酸的稀释,会放出大量的热,从安全角度考虑,应后加浓硫酸。但若先加入乙酸和乙醇,再加入浓硫酸,瞬间放出的热量会使沸点低的乙醇和乙酸大量挥发,导致产率损失惨重。从经济的角度考虑,乙酸价格高于乙醇,应使乙酸的转化率尽可能大。因此,加样的顺序依次是乙醇、浓硫酸和乙酸。

[提问] 若我们想设计实验探究乙酸乙酯在酸性、中性、碱性环境中的水解速率,可以通过什么现象来比较水解速率的大小?

[讨论]

方案 1:乙酸乙酯有香味,可以通过香味消失得快慢来比较水解速率大小。

方案 2:乙酸乙酯难溶于水,反应时试管中液体会分层,而生成物乙酸、乙醇和乙酸盐都易溶于水,可通过酯层消失得快慢来比较水解速率大小。

[小结] 乙酸乙酯的沸点较低,在反应加热过程中会挥发进入收集瓶,可用饱和 Na_2CO_3 溶液除杂。乙酸乙酯的水解反应速率可通过酯香味消失得快慢或者液体分层后酯层消失得快慢来比较。

[提示] 实验注意事项如下。

取用浓硫酸时要注意防护。若不慎将浓硫酸沾到皮肤上,应立即用大量水冲洗,然后用 3‰~5‰ 的 $NaHCO_3$ 溶液冲洗。若有少量浓硫酸滴到实验桌上,应立即用湿抹布擦干净,然后用水冲洗抹布。

环节三:实验活动

两人为一组,动手组装实验装置,进行乙酸乙酯的制备及乙酸乙酯的水解实验。教师进行巡视,指导学生观察实验现象,纠正学生不规范的操作。

[活动一] 分组实验:乙酸乙酯的制备

1. 在一支试管中加入 2 mL 乙醇,然后边振荡试管边先后慢慢加入 0.5 mL 浓硫酸和 2 mL 乙酸,再加入几片碎瓷片。在另一支试管中加入 3 mL 饱和 Na_2CO_3 溶液。

2. 用小火加热试管里的混合物,将产生的蒸气经导管通到饱和 Na_2CO_3 溶液的上方约 0.5 cm 处,注意观察试管内的变化。反应一段时间后,取下盛有 Na_2CO_3 溶液的试管,并停止加热。

3. 振荡盛有饱和 Na_2CO_3 溶液的试管,静置。待溶液分层后,观察上层的油状液体,并注意闻气味。

[活动二] 分组实验:乙酸乙酯的水解

在 A、B、C 三支试管里各加入 6 滴乙酸乙酯。再向 A 试管里加入 5.5 mL 蒸馏水;向 B 试管里加入 0.5 mL 3 mol/L H_2SO_4 溶液和 5.0 mL 蒸馏水;向 C 试管里加入 0.5 mL 6 mol/L NaOH 溶液和 5.0 mL 蒸馏水。振荡均匀后,把三支试管都放入 70~80 ℃ 的水浴中加热。比较试管里乙酸乙酯香味消失得快慢。

环节四：完成报告

[提问] 大家观察到了哪些实验现象？乙酸乙酯的水解速率在不同 pH 环境中有何差异？

[交流] 各组讨论并分享实验现象和结论。

[小结] 通过本实验可知乙酸和乙醇在浓硫酸的催化下能制备乙酸乙酯；乙酸乙酯能水解生成乙酸和乙醇，且在碱性环境中的水解速率大于在酸性环境中的水解速率，在中性环境中的水解速率最小。

[作业] 完成实验报告

分组实验：乙酸乙酯的制备

实验步骤	实验现象	实验结论或解释
在一支试管中加入 2 mL 乙醇，然后边振荡试管边慢慢加入 0.5 mL 浓硫酸。		
向试管中加入 2 mL 乙酸，再加入几片碎瓷片。		
在另一支试管中加入 3 mL 饱和 Na_2CO_3 溶液。		
用小火加热试管里的混合物，将产生的蒸气经导管通到饱和 Na_2CO_3 溶液的上方约 0.5 cm 处。		
反应一段时间后，取下盛有 Na_2CO_3 溶液的试管，并停止加热。		
振荡盛有饱和 Na_2CO_3 溶液的试管，静置。		

分组实验：乙酸乙酯的水解

试管编号	乙酸乙酯	蒸馏水	H_2SO_4 溶液（3 mol/L）	NaOH 溶液（6 mol/L）	乙酸乙酯气味消失所需的时间
A	6 滴	5.5 mL	0	0	
B	6 滴	5.0 mL	0.5 mL	0	
C	6 滴	5.0 mL	0	0.5 mL	

【板书设计】

乙酸乙酯的制备与性质

一、乙酸乙酯的制备

二、乙酸乙酯的水解

【课后反思】

本实验是有机综合实验，其任务是通过乙酸乙酯的制备与水解性质的探究，进一步加深对酯化反应和水解反应的认识。主要有以下特点。

1.充分引导，理解深入。在方法研讨环节，学生在教师的引导下，通过提供的实验用品，根据反应物的物理性质及已知的化学性质，自行设计实验方案。在问答环节，学生逐步明晰物质制备实验需要考虑的因素，建立起物质制备实验设计的思维模型。

2.注重规范，提升安全意识。本实验涉及浓硫酸的使用，教师在方法研讨环节提醒学生注意浓硫酸的安全使用，且统一学生对浓硫酸溅出后处理措施的认识。在学生实验活动期间，教师巡视并强调规范操作，提升学生的安全意识。

建议：本实验是常见有机物的制备实验，教师可以与学生讨论设计制备纯净干燥的乙酸乙酯的实验方案，并计算产率。有条件的学校还可以与研究所合作，利用仪器对生成物进行结构鉴定，使学生体会完整的有机合成实验方案。

教学案例9　有机化合物中常见官能团的检验

【教学思路】

本实验属于有机物的基本性质实验，包括有机化合物中常见官能团的检验、用实验方法区分两组物质，以及阿司匹林片有效成分中羧基和酯基官能团的检验三个部分。学生已经学习了有机化合物中常见官能团的基本性质，具备本实验的理论基础和基本实验操作技能。

本节实验课教师先通过布置预习作业及课堂上师生共同的复习回顾，让学生进一步巩固该实验的理论基础；然后，在方法研讨环节，教师引导学生利用有机物不同的物理和化学性质，在给定试剂的前提下，设计常见官能团的鉴别实验、不同组别物质的检验实验及陌生有机物乙酰水杨酸中官能团的检验实验，并着重强调实验安全及溶液酸碱性对实验的影响，以确保实验活动能顺利完成；接着，学生通过具体的实验活动达成实验目的，提升实验基础操作能力和处理突发问题的能力；最后，学生完成实验报告，并回顾反思有机化合物常见官能团的检验方法，构建有机化合物的实验知识网络。

【教学目标】

1.加深对有机化合物中常见官能团性质的认识。

2.掌握检验有机化合物中常见官能团的实验方法，能设计有机化合物中常见官能团的鉴别方案。

3.通过设计阿司匹林片有效成分中羧基和酯基官能团检验的实验方案，提升分析与解决问题的能力。

【教学重难点】

有机化合物中常见官能团的检验、阿司匹林片有效成分中羧基和酯基官能团的检验。

【实验准备】

试管、试管夹、胶头滴管、烧杯、研钵、酒精灯、三脚架、石棉网（或陶土网）、火柴。

1-己烯、1-溴丁烷、无水乙醇、苯酚溶液、乙醛溶液、苯、1-丙醇、2-氯丙烷、丙醛、四氯化碳、阿司匹林片、饱和溴水、酸性 $KMnO_4$ 溶液、5％NaOH 溶液、10％NaOH 溶液、稀硝酸、稀硫酸、2％$AgNO_3$ 溶液、5％$CuSO_4$ 溶液、$FeCl_3$ 溶液、$NaHCO_3$ 溶液、石蕊溶液等。

【教学流程】

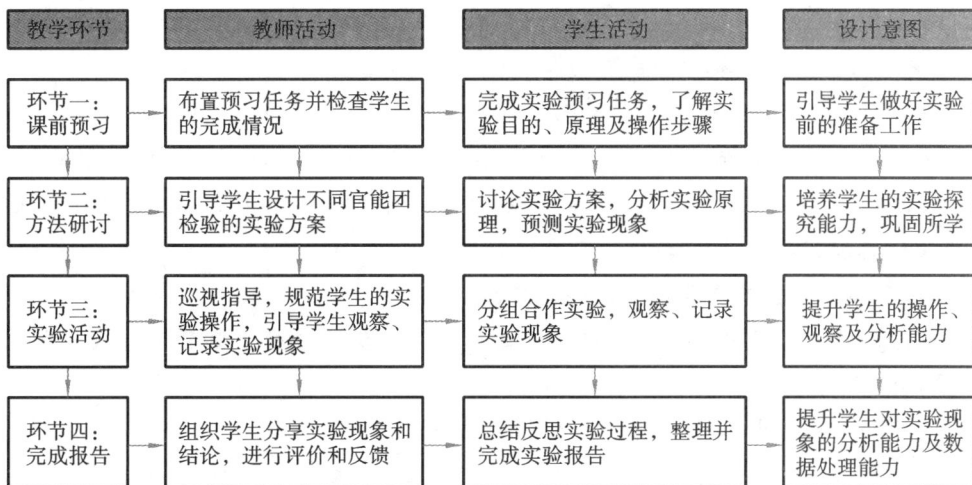

【教学过程】

环节一：课前预习

［设计作业］教师设计预习任务，要求学生完成以下课前作业。

1.仿照烯烃的结构与性质分析其他有机化合物，填写在下表中。

有机化合物类别	官　能　团	化学性质（反应试剂和条件）
烯烃	C=C 碳碳双键	1. 氧化反应（酸性 $KMnO_4$ 溶液） 2. 加成反应（Br_2/H_2O 或 Br_2/CCl_4）
卤代烃		
酚		
醛		
酸		
酯		

2.写出制备银氨溶液的实验步骤及化学反应方程式。

3.写出制备新制氢氧化铜悬浊液的实验步骤及化学反应方程式。

［预习］学生阅读教科书中的实验内容，完成上述预习任务。

［检查］要求学生准确填写表格中各类有机化合物对应的官能团及化学性质，掌握银氨溶液和新制氢氧化铜悬浊液制备的化学反应方程式的书写，明晰两种溶液的制备过程，尤其是试剂的用量及加料顺序。

环节二：方法研讨

［引入］通过之前的学习，我们已经了解了有机化合物中常见官能团的性质。本节课我们将利用大家在预习作业的表格中填写的试剂，验证各种官能团的化学性质。

［投影］实验目的：有机化合物中常见官能团的检验。

［布置任务］请同学们以小组为单位，利用实验室提供的实验用品，设计实验探究 1-己烯、1-溴丁烷、苯酚、乙醛的化学性质。

［投影］试剂：1-己烯、1-溴丁烷、无水乙醇、苯酚溶液、乙醛溶液、苯、1-丙醇、2-氯丙烷、丙醛、四氯化碳、阿司匹林片、饱和溴水、酸性 $KMnO_4$ 溶液、5% $NaOH$ 溶液、10% $NaOH$ 溶液、稀硝酸、稀硫酸、2% $AgNO_3$ 溶液、5% $CuSO_4$ 溶液、$FeCl_3$ 溶液、$NaHCO_3$ 溶液、石蕊溶液等。

提示：醛基的检验需要较浓的碱性环境。

［讨论］学生根据提供的试剂讨论并设计实验方案，分析方案的可行性，预测实验现象，汇报交流。

［小结］根据学生的讨论，小结实验方案并投影。

［提问］基于以上对有机化合物化学性质的探讨，联系各种物质的物理性质，思考如何设计实验方案区分下列两组物质（见投影）。

［投影］

（1）乙醇、1-己烯、苯和四氯化碳；

（2）1-丙醇、2-氯丙烷、丙醛和苯酚溶液。

［讨论］学生讨论并设计实验方案，分析方案的可行性，预测实验现象，汇报交流。

［小结］根据学生的讨论，小结实验方案并投影。

［投影］

（1）利用密度、溶解性、化学性质的不同，可用溴水检验四种有机物。

（2）

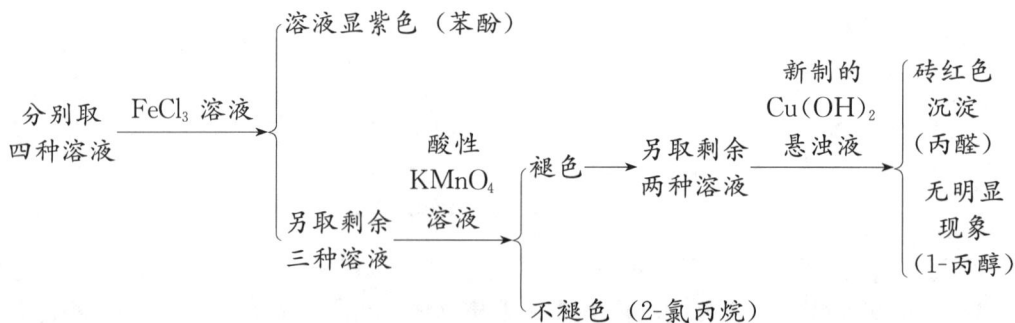

[布置任务] 阿司匹林是一种常见的抗炎药，其有效成分是乙酰水杨酸。乙酰水杨酸的官能团是羧基和酯基，请同学们以小组为单位，利用给出的化学试剂设计实验检验乙酰水杨酸的官能团。

[投影]

乙酰水杨酸：

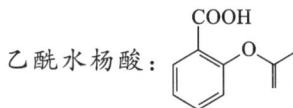

试剂：稀硫酸、$FeCl_3$ 溶液、$NaHCO_3$ 溶液、石蕊溶液。

提示：利用 $FeCl_3$ 溶液检验酚羟基时溶液酸性不能过强。

[讨论] 学生讨论并设计实验方案，分析方案的可行性，预测实验现象，汇报交流。

[小结] 根据学生的讨论，小结实验方案并投影。

[提示] 实验注意事项如下。

1.本实验涉及的试剂较多，在使用胶头滴管时要注意每次使用前先用蒸馏水充分洗涤，避免药品之间相互污染。

2.实验时应依据需求调节溶液的酸碱性。

环节三：实验活动

学生两人一组，分工合作，观察并记录实验现象。教师进行巡视，指导学生观察实验现象，纠正学生不规范的操作。

[活动一] 分组实验：几种常见官能团的检验

实验1：碳碳双键的检验

向两支盛有少量1-己烯的试管里分别滴加溴水和酸性 $KMnO_4$ 溶液，观察现象。

实验2：碳卤键的检验

向试管里加入几滴1-溴丁烷，再加入 2 mL 5% NaOH 溶液，振荡后加热。反应一段时间后停止加热，静置。小心地取数滴水层液体置于另一支试管中，加入稀硝酸酸化，加入几滴 2% $AgNO_3$ 溶液，观察现象。

实验3：酚羟基的检验

向两支盛有少量苯酚稀溶液的试管里分别滴加饱和溴水和 $FeCl_3$ 溶液，观察现象。

实验4：醛基的检验

在试管里加入 2 mL 10% NaOH 溶液，滴入几滴 5% $CuSO_4$ 溶液，振荡。然后加入 0.5 mL 乙醛溶液，加热，观察现象。

[活动二] 分组实验：用实验方法区分两组物质

实验1：向四支编号为 a、b、c、d 的试管中分别加入 2 mL 四种不同的试剂，再分别滴加几滴溴水，观察现象。

实验2：向四支编号为 A、B、C、D 的试管中分别加入 2 mL 四种不同的试剂，

再分别滴加几滴 $FeCl_3$ 溶液，观察现象。分别另取 2 mL 上述三种未显紫色的溶液加入编号为 E、F、G 的三支试管中，再分别滴加几滴酸性 $KMnO_4$ 溶液，观察现象。向编号为 H、I 的试管中加入 2 mL 10% NaOH 溶液，滴入几滴 5% $CuSO_4$ 溶液，振荡。然后分别另取几滴使酸性 $KMnO_4$ 溶液褪色的未知试剂加入编号为 H、I 的试管中，加热，观察现象。

[活动三] 分组实验：阿司匹林片有效成分中羧基和酯基官能团的检验

将一片阿司匹林片研碎后放入适量水中，振荡后静置，取用上层清液。向两支试管中分别加入 2 mL 清液。

实验 1：向其中一支试管中滴入 2 滴石蕊溶液，观察现象。

实验 2：向另一支试管中滴入 2 滴稀硫酸，加热后滴入几滴 $NaHCO_3$ 溶液，振荡。再向其中滴入几滴 $FeCl_3$ 溶液，振荡，观察现象。

环节四：完成报告

[提问] 大家观察到了哪些实验现象？由实验现象可以得出有机化合物中常见官能团（碳碳双键、碳卤键、羟基、醛基、羧基、酯基）的检验方法是什么？

[交流] 各组讨论并分享实验现象和结论。

[提问] 除了化学实验方法，还常用仪器分析的方法鉴别有机化合物。鉴别乙酰水杨酸可用哪些仪器分析方法？

[讨论] 质谱法、红外光谱法、核磁共振氢谱法等。

[作业] 完成实验报告。

分组实验：几种常见官能团的检验

官　能　团	实　验　步　骤	实验现象	结论或解释
\C=C/ 碳碳双键	向两支盛有少量 1-己烯的试管里分别滴加溴水和酸性 $KMnO_4$ 溶液，观察现象。		
—C—X 碳卤键	向试管里加入几滴 1-溴丁烷，再加入 2 mL 5% NaOH 溶液，振荡后加热。反应一段时间后停止加热，静置。小心地取数滴水层液体置于另一支试管中，加入稀硝酸酸化，加入几滴 2% $AgNO_3$ 溶液，观察现象。		
—OH 羟基	向两支盛有少量苯酚稀溶液的试管里分别滴加饱和溴水和 $FeCl_3$ 溶液，观察现象。		
O ‖ —C—H 醛基	在试管里加入 2 mL 10% NaOH 溶液，滴入几滴 5% $CuSO_4$ 溶液，振荡。然后加入 0.5 mL 乙醛溶液，加热，观察现象。		

分组实验：用实验方法区分两组物质

(1) 乙醇、1-己烯、苯和四氯化碳。

实验步骤	实验现象	结论或解释

(2) 1-丙醇、2-氯丙烷、丙醛和苯酚溶液。

实验步骤	实验现象	结论或解释

分组实验：阿司匹林片有效成分中羧基和酯基官能团的检验

将一片阿司匹林片研碎后放入适量水中，振荡后静置，取用上层清液。向两支试管中分别加入 2 mL 清液。

	实验步骤	实验现象	实验结论
实验 1	向其中一支试管中滴入 2 滴石蕊溶液。		
实验 2	向另一支试管中滴入 2 滴稀硫酸，加热后滴入几滴 $NaHCO_3$ 溶液，振荡。再向其中滴入几滴 $FeCl_3$ 溶液，振荡。		

【板书设计】

有机化合物中常见官能团的检验

官 能 团	化学性质（反应试剂和条件）
$\diagdown C = C \diagup$ 碳碳双键	1. 氧化反应（酸性高锰酸钾溶液）。 2. 加成反应（Br_2/H_2O 或 Br_2/CCl_4）。
$-\overset{\mid}{\underset{\mid}{C}}-X$ 碳卤键	水解反应（$NaOH/H_2O$，△）。
$-OH$ 羟基	显色反应（$FeCl_3$ 溶液）。
$-\overset{O}{\overset{\|}{C}}-H$ 醛基	氧化反应［银氨溶液或新制的 $Cu(OH)_2$ 悬浊液］。
$-\overset{O}{\overset{\|}{C}}-OH$ 羧基	酸性（石蕊溶液）。
$-\overset{O}{\overset{\|}{C}}-O-$ 酯基	水解反应（稀硫酸或 $NaOH$ 溶液）。

【课后反思】

本实验是有机化合物的基础性质实验，通过有机化合物中常见官能团的检验实验，加深对有机化合物中常见官能团性质的认识。主要有以下特点。

1. 设计科学，层层深入。通过预习环节回顾已学过的有机化合物官能团的性质，为实验奠定了理论基础。在方法研讨环节，教师引导学生在给定试剂的前提下进行实验设计，实现由理论向实践的转变。实验设计从单一物质的检验到多种物质的鉴别，最后到陌生物质的鉴定，实现了由知识获取向知识运用的升华。

2. 分工合作，任务分解。本节课围绕有机化合物常见官能团的检验这一主线，学生自主设计了较多的实验。在实验过程中，学生分工合作，提升效率，分享交流，高效地构建了有机化合物性质的知识网络。

建议：对于本实验第二部分"用实验方法区分两组物质"，可让学生充分交流讨论，设计不同的实验方案，分小组进行实验探究，最后分享交流，这样可以帮助学生更好地加深对有机化合物中常见官能团的认识。

教学案例 10 重结晶法提纯苯甲酸

【教学思路】

在本实验前，学生已经熟练掌握了溶解、过滤等操作，以及蒸馏、萃取等有机物的分离、提纯方法。

在本实验的学习过程中，学生利用溶解、过滤、沉淀、洗涤和检验等操作，结合苯甲酸的有关性质，自主设计实验，完成苯甲酸的重结晶法提纯实验。

【教学目标】

1.复习溶解、过滤等基础实验操作，理解并熟悉加热溶解、趁热过滤、冷却结晶、洗涤、检验等一系列重结晶的操作步骤。

2.通过苯甲酸性质的学习，设计实验提纯苯甲酸，初步形成有机物分离提纯方法选择的认知模型。

【教学重难点】

教学重点：苯甲酸重结晶的原理和操作步骤。

教学难点：重结晶的原理。

【实验准备】

天平、烧杯、玻璃棒、三脚架、铁架台、陶土网、漏斗。

粗苯甲酸（含有少量二氧化锰和氯化钾杂质）、蒸馏水（热和冷）、稀硝酸、硝酸银溶液。

保温瓶、滤纸等。

【教学流程】

教学环节	教师活动	学生活动	设计意图
环节一：情境引入	播放苯甲酸的制备实验视频，提出问题	分析苯甲酸中的杂质成分	引导学生由原理分析杂质成分
环节二：方法研讨	引导学生分析杂质性质	由苯甲酸与杂质的性质区别，分析提纯方法	培养学生的实验探究思维和能力
环节三：实验活动	巡视、规范学生的操作，引导学生发现实验过程中的问题	分组合作实验，观察、记录实验现象	提高学生的动手操作能力
环节四：完成报告	引导学生计算重结晶收率，并思考提高收率的方法	总结反思实验过程，整理并完成实验报告	提高学生的科学探究能力和创新意识

【教学过程】

环节一：情境引入

苯甲酸制备的实验原理如下。

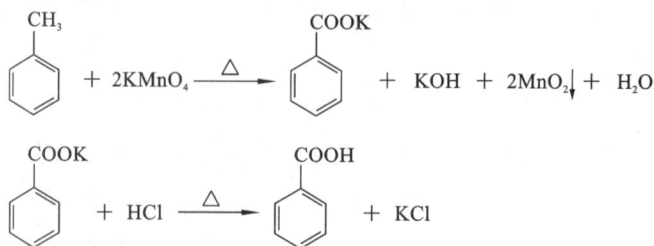

$$\text{CH}_3\text{—C}_6\text{H}_5 + 2\text{KMnO}_4 \xrightarrow{\triangle} \text{C}_6\text{H}_5\text{COOK} + \text{KOH} + 2\text{MnO}_2\downarrow + \text{H}_2\text{O}$$

$$\text{C}_6\text{H}_5\text{COOK} + \text{HCl} \xrightarrow{\triangle} \text{C}_6\text{H}_5\text{COOH} + \text{KCl}$$

［引入］观看苯甲酸的实验室制备视频。思考：苯甲酸中有哪些杂质？怎样除去这些杂质，得到纯净的苯甲酸晶体？本节课将以苯甲酸的提纯为例，学习有机物分离提纯的方法。

环节二：方法研讨

［讨论］结合下表中苯甲酸及杂质的性质，思考苯甲酸的提纯方法。

物　　质	状　　态	在水中的溶解度
苯甲酸 （$\text{C}_6\text{H}_5\text{COOH}$）	固体	25 ℃：0.34 g 75 ℃：2.2 g
氯化钾（KCl）	固体	20 ℃：34.2 g 70 ℃：48.8 g
二氧化锰（MnO_2）	固体	不溶

［提问］

1. 如何分离苯甲酸和氯化钾？（杂质溶解度很大）

2. 如何分离苯甲酸和二氧化锰？（杂质溶解度很小）

3. 将以上两个问题进行整合，当苯甲酸中既含有氯化钾又含有二氧化锰杂质时，怎样提纯苯甲酸？

［小结］如果已经得到苯甲酸晶体，但是晶体不纯，含有少量二氧化锰和氯化钾固体杂质，需要通过这一系列操作进行提纯，这种提纯的方法叫作苯甲酸的重结晶。

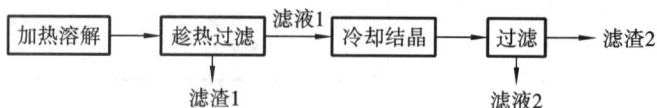

加热溶解 → 趁热过滤（滤渣1↓，滤液1→）→ 冷却结晶 → 过滤（滤渣2→，滤液2↓）

环节三：实验活动

两人为一组，动手组装实验装置，进行苯甲酸的提纯实验。实验过程中教师进行巡视并指导。

步骤 1：加热溶解。将 1.0 g 粗苯甲酸放入 100 mL 烧杯中，加入 50 mL 热的蒸馏水。搅拌，使粗苯甲酸充分溶解。

步骤 2：趁热过滤。使用漏斗趁热将溶液过滤至另一烧杯中，将滤液静置，使其缓慢结晶。注意小心操作，防止烫伤。

[讨论]

1.趁热过滤时，烧杯、玻璃棒、漏斗中会有苯甲酸残留，该怎么办？这样做的目的是什么？

2.哪一步的操作时间长？怎样改进？

步骤 3：冷却结晶，过滤，洗涤。待滤液完全冷却后滤出晶体，并用蒸馏水洗涤。

[讨论]

1.过滤后，为什么要洗涤晶体？

2.用什么洗涤晶体？

3.洗涤的操作是什么？

4.怎样检验晶体已经洗涤干净？

步骤 4：干燥。将晶体铺在干燥的滤纸上，晾干后称量其质量。

环节四：完成报告

项　　目	现象和数据	
（1）对比提纯前后苯甲酸的状态	苯甲酸粗品	
	苯甲酸晶体	
（2）对比过滤前后液体的状态	溶解苯甲酸粗品后的溶液	
	趁热过滤后的滤液	
（3）计算重结晶收率	苯甲酸粗品的质量/g	
	苯甲酸晶体的质量/g	
	重结晶收率 $= \dfrac{晶体质量}{粗品质量} \times 100\%$	

[讨论]

1.如何提高重结晶的收率？请从实验操作细节中寻找答案。

2.回顾从制备苯甲酸到提纯苯甲酸的历程，总结有机物分离提纯的一般思路。

3.回顾物质分离提纯的方法，归纳根据物质的性质选择分离提纯方法的思路。

【板书设计】

重结晶法提纯苯甲酸

苯甲酸样品中含有的杂质：二氧化锰和氯化钾。

【课后反思】

本节实验课以苯甲酸制备的化学方程式及实验室制备视频作为实验探索情境，

分析苯甲酸中的主要杂质，引出本节课的研究问题"苯甲酸中含有二氧化锰和氯化钾时，怎样提纯苯甲酸？"。重结晶实验的原理是本节课的难点，此处设计两个子问题，将两种杂质分开分析，降低了思维难度。当苯甲酸中既有溶解度很大的杂质氯化钾，又有溶解度很小的杂质二氧化锰时，要求学生整合两个子问题，自主设计苯甲酸重结晶的实验方案。

实验过程中过滤操作需要等待的时间较长，可利用这段时间讨论相关问题。在趁热过滤环节，讨论滤渣的洗涤，由此拓展到抽滤实验；在冷却结晶、过滤、洗涤环节，讨论晶体的洗涤，并将两次洗涤进行对比，落实常考的"洗涤四问"；在干燥晶体环节，讨论提高收率的办法，由此拓展到热过滤。从课内实验拓展到课外实验，开阔了学生的视野，激发了学生的学习兴趣。

在完成报告环节，教师引导学生归纳总结，建构有机物分离提纯的思维模型。基于真实的实验情景，从制备反应中寻找杂质→分析杂质的成分→对比杂质与待提纯物质的性质的差异→确定分离提纯的方法。其中，在对比杂质与待提纯物质的性质差异、确定分离的方法环节，引导学生归纳总结，完善知识体系。

教学案例 11　氨溶于水的喷泉实验

【教学思路】

本实验是利用氨极易溶于水的性质设计的趣味性实验，喷泉现象是该实验吸引学生的亮点。学生已经学习了 CO_2、Cl_2、SO_2、NO_2、HCl 等气体的性质，为喷泉实验原理的探究奠定了基础。

教师先通过展示火山喷发、音乐喷泉的图片创设情境，提出通过化学实验也可以产生喷泉，激发学生的兴趣；然后，让学生预习教科书上的实验内容，清楚实验装置、药品，对实验有一定的了解；接着，基于本实验操作要求较高，教师边亲自演示边引导学生观察实验现象；完成实验后，通过连续提问引导学生分析实验现象和实验注意事项，探究喷泉实验的原理，得出氨的相关性质；最后，学生对喷泉实验的知识进行迁移应用。

【教学目标】

1.通过喷泉实验的现象，能认识氨极易溶于水和水溶液显碱性的性质，培养证据意识与推理能力。

2.通过对喷泉实验原理的分析，能认识到喷泉实验的实质，发展由表及里的逻辑思维能力。

【教学过程】

环节一：引入环节

［投影］展示火山喷发、音乐喷泉的图片。

[提问] 火山喷发、音乐喷泉产生的原因是什么?

[讨论] 内部压强增大，超过外界大气压强，产生压强差，从而形成喷泉或火山喷发。

[引入] 其实我们通过化学实验也可以产生喷泉。

环节二：演示环节

[预习] 阅读教科书中氨溶于水的喷泉实验，了解实验装置、药品和实验步骤。

[演示] 在干燥的圆底烧瓶里充满 NH_3，用带有玻璃管和胶头滴管（预先吸入水）的橡胶塞塞紧瓶口。倒置烧瓶，使玻璃管插入盛有水的烧杯中（预先在水里滴入少量酚酞溶液）。打开弹簧夹，挤压胶头滴管，使水进入烧瓶。

环节三：整合环节

[提问] 大家观察到了哪些实验现象?

[小结] 烧杯里的液体经玻璃管喷入烧瓶，形成喷泉，溶液变为红色。

[提问] 形成喷泉说明氨具有什么性质? 溶液变红说明氨具有什么性质?

[讨论] 氨极易溶于水，且水溶液呈碱性。

[讲授] 氨是一种极易溶于水的气体，在常温常压下，1体积水大约可溶解700体积的氨。氨溶于水时会与水结合形成一水合氨，一水合氨中有一小部分电离形成 NH_4^+ 和 OH^-。

[投影] $NH_3 + H_2O \rightleftharpoons NH_3 \cdot H_2O \rightleftharpoons NH_4^+ + OH^-$

[提问] 形成喷泉的原理是什么?

[引导] 挤压胶头滴管，滴管里少量的水进入烧瓶，氨溶于其中，使烧瓶内气体压强减少，在大气压的作用下，下方烧杯里的水被压入烧瓶；氨几乎全部溶于水中，使烧瓶内的气压迅速降低，烧杯里的水（含酚酞）在大气压的作用下被迅速压入烧瓶，形成喷泉。

[投影] 形成喷泉的原理：容器内外产生较大的压强差。

[提问] 引发喷泉的操作是什么?

[回答] 打开弹簧夹，挤压胶头滴管，使水进入烧瓶（强调要打开弹簧夹）。

[提问] 若打开弹簧夹后将胶头滴管内的水挤入烧瓶内，并未产生喷泉，可能的原因是什么?

[讨论] ①装置气密性不好；②收集的氨纯度较低；③烧瓶不干燥；等等。

[提问] 若实验装置中没有胶头滴管（如右图），能否用其他方法替代?

[讨论] 用热毛巾敷烧瓶，增大烧瓶内气体压强，使烧瓶

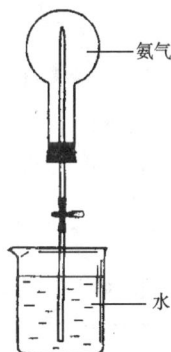

氨气

水

内外形成压强差；或用冰水浇烧瓶，减小烧瓶内的压强，使烧瓶内外形成压强差。

[提问] 若将烧瓶中的 NH_3 换为 CO_2，能否形成喷泉？如果不能，可以采用什么方法？

[回答] 不能，因为 CO_2 在水中的溶解度小，不能使烧瓶中的气压显著减小。要产生喷泉，就要增大 CO_2 的溶解量，可以将烧杯和胶头滴管中的水换成 NaOH 溶液。

[提问] 还有哪些气体能形成喷泉？这些气体具有哪些共性？

[小结并投影] 极易溶于水或能与水大量反应的气体能与水形成喷泉；在水中溶解度不大，但是能与某些溶液反应的气体也能与相应溶液形成喷泉（见下表）。

气体	HCl	NH_3	CO_2、Cl_2、SO_2、H_2S	NO_2 与 O_2
吸收剂	水或 NaOH 溶液	水或盐酸	NaOH 溶液	水

环节四：巩固环节

[投影]

下图是课外活动小组的同学设计的 4 个喷泉实验方案，下列有关操作不可能引发喷泉的是（　　）。

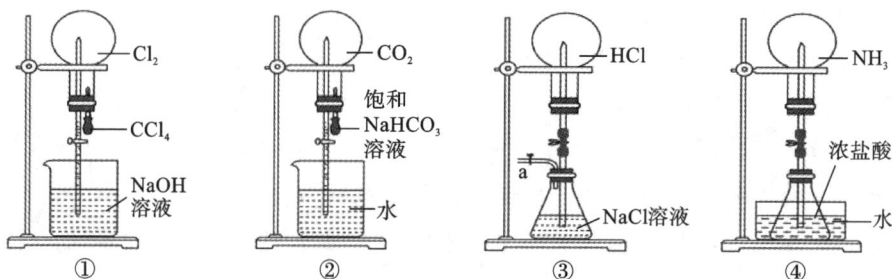

A. 挤压装置①的胶头滴管使 CCl_4 全部进入烧瓶，片刻后打开止水夹

B. 挤压装置②的胶头滴管使饱和 $NaHCO_3$ 溶液全部进入烧瓶，然后打开止水夹

C. 用鼓气装置从装置③的 a 处不断鼓入空气并打开止水夹

D. 在装置④的水槽中加入适量生石灰并打开止水夹

[小结] 喷泉产生的原因是存在压强差，可以通过减小烧瓶内的压强或者增大烧瓶外的压强，使烧瓶内外形成压强差从而形成喷泉。

【课后反思】

本实验是中学化学的一个重要的性质实验，目的是验证氨极易溶于水及水溶液显碱性的性质。主要有以下特点。

1. 设计科学，层次分明。在引入环节，通过创设情境激发学生的学习兴趣；在演示环节，先让学生预习实验，对实验有一定的了解，然后教师亲自演示实验，引导学生观察实验现象；在整合环节，通过问题串引导学生分析实验现象，得出实验结论；在巩固环节，通过一道设计喷泉实验方案的习题，加深学生对喷泉实验的理解。整个环节科学合理，符合学生的认知规律。

2.创设情境，提升素养。结合火山喷发等自然现象，创设通过化学实验产生喷泉的问题情境，演示氨的喷泉实验，组织学生分析解释喷泉的成因，得出氨的化学性质。通过本实验，学生学会在真实情境中运用知识解决问题，发展证据推理与模型认知的化学学科核心素养，培养系统思维能力。

建议：该实验的目的是验证氨的性质，实验时要紧密配合教学需要，实验时间不宜过长，要提前做好实验的预试，保证实验顺利进行。

教学案例12　浓硫酸与铜反应

【教学思路】

本实验用于探究浓硫酸与铜的反应，并检验生成的二氧化硫的性质。浓硫酸与铜需要加热才能反应，由于实验综合性强，操作复杂，适合教师演示。学生已经学习了钠、氯、铁等元素化合物的知识，对二氧化硫的性质也有了基本的认识，能运用元素周期律、氧化还原反应等理论知识指导元素化合物知识的学习，已具备一定的实验探究能力。

实验时，教师首先要求学生联系旧知，预测浓硫酸与铜反应的产物，并设计实验验证；然后，带领学生预习并分析教科书上的实验内容，扫清认知障碍；接着，教师边演示实验边引导学生观察实验现象；完成实验后，通过师生互动讨论解决本实验中的重难点问题，确定浓硫酸与铜反应的产物，完成方程式的书写，得出浓硫酸的性质；最后，将浓硫酸与铜的反应迁移到浓硫酸与其他金属的反应。

【教学目标】

1.能从物质类别和元素价态的角度，依据氧化还原反应的原理，预测浓硫酸与铜反应的产物，培养证据意识与推理能力。

2.通过实验探究浓硫酸与铜的反应，能形成认识非金属元素及其化合物的基本思路和方法。

3.通过自主观察、分析实验，培养学生发现问题、分析问题、解决问题的探究能力。

【教学过程】

环节一：引入环节

［引入］通过初中化学学习，我们知道稀硫酸不与铜反应，那么浓硫酸能否与铜反应呢？

［提问］如果浓硫酸能与铜反应，那产物可能是什么？体现了浓硫酸的什么性

质？如何设计实验来验证？

［讨论］从价态的角度分析产物可能有 $CuSO_4$ 和 SO_2，$CuSO_4$ 可以用其特征颜色来观察，SO_2 可以利用其漂白性来检验。

环节二：演示环节

［预习］阅读教科书中浓硫酸与铜反应的实验内容，了解实验装置、药品和实验步骤。

［布置任务］请大家对照浓硫酸与铜反应的装置图，说出各部分的仪器名称和所加试剂的用途，预测可能的现象。

［回答］品红溶液和石蕊溶液用来检验二氧化硫，若有二氧化硫生成，品红溶液会褪色，石蕊溶液会变红；浸有 NaOH 溶液的棉团用来吸收多余的二氧化硫，防止污染空气。

［提问］实验为什么不用铜片而用铜丝？

［回答］放下铜丝，反应可以进行；抽起铜丝，反应立刻停止，这样便于控制反应的进行。

［提示］下面开始演示实验，请大家认真观察实验现象，特别是试管中溶液颜色的变化。

［演示］在试管中加入 2 mL 浓硫酸，塞好橡皮塞，使铜丝与浓硫酸接触。加热，将产生的气体先后通入品红溶液和石蕊溶液中，观察实验现象。向外拉铜丝，终止反应。

环节三：整合环节

［提问］大家观察到了哪些实验现象？

［回答］铜与浓硫酸不加热，无明显现象；加热后，左侧试管内有气泡产生，中间试管中的品红溶液褪色，右侧试管中的石蕊溶液逐渐变红。

［讲授］铜与浓硫酸加热时可以发生反应，有气体生成，该气体能使品红溶液褪色、石蕊溶液变红，证明生成的气体是二氧化硫。

［提问］铜与浓硫酸反应后产生灰白色固体，其成分是什么？如何检验？

［回答］灰白色固体可能是 $CuSO_4$，可以将试管里的物质与水混合，观察溶液颜色。

［提问］试管里的物质与水混合时要注意哪些问题？

［回答］试管里存在大量没有反应完的热的浓硫酸，应待试管冷却后，再将试管里的物质慢慢倒入水中。

［演示］待试管冷却后，将试管里的物质慢慢倒入另一支盛有少量水的试管里。

［布置任务］请同学们结合实验现象，写出 Cu 与浓硫酸混合加热时发生的化学反应方程式，并分析电子转移的方向和数目。

［投影］

$$\overset{\overset{\displaystyle 2e^-}{\underline{\qquad\qquad}}}{2H_2SO_4(浓)+Cu \xrightarrow{\triangle} CuSO_4+SO_2\uparrow+2H_2O}$$

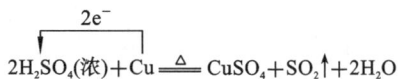

［提问］该反应体现了浓硫酸的什么性质？

［回答］强氧化性、酸性。

［小结］浓硫酸与铜在加热条件下能反应生成硫酸铜、二氧化硫和水，该反应体现了浓硫酸的强氧化性和酸性。

环节四：巩固环节

［投影］迁移应用：

1.过量的铜与一定量的浓硫酸反应时，硫酸能否全部参加反应？

2.如果用过量的锌代替铜与一定量的浓硫酸反应，生成的气体的成分有哪些？金属与浓硫酸反应有何规律？

［小结］浓硫酸有强氧化性，在加热的条件下能氧化除金、铂以外的所有金属。浓硫酸与金属单质反应既显氧化性又显酸性。

【课后反思】

本实验是中学化学的一个重要的性质实验，目的是探究浓硫酸与铜的反应及检验其产物。主要有以下特点。

1.设计科学，层次分明。在引入环节，通过新旧知识的冲突，激发学生的学习兴趣；在演示环节，教师先带领学生预习并分析实验，扫清知识障碍，然后亲自演示实验，引导学生观察实验现象；在整合环节，通过师生互动讨论解决本实验中的重难点问题，得出实验结论；在巩固环节，通过两个问题，将浓硫酸与铜的反应迁移到浓硫酸与所有金属的反应，得出相应的规律。整个环节科学合理，符合学生的认知规律。

2.启发思维，提升素养。本实验紧紧围绕浓硫酸与铜反应这条主线，基于认知冲突提出问题，在讨论中设计实验方案，在演示中分析交流，依据证据进行科学推理，顺利完成浓硫酸与金属反应的知识建构，形成认识非金属元素及其化合物的基本思路和方法，提升学生高阶思维能力和科学探究素养。

建议：该实验用到具有强腐蚀性的浓硫酸，使用时要特别注意安全。同时，因反应会生成二氧化硫，实验时要注意通风。

第 四 章

化学实验教学评价建议

一、 教师实验教学评价

1. 评价标准

教师实验教学评价标准是教育主管部门用于测评教师实验课教学质量的依据，也是教师实施化学实验教学的参考。本评价体系对化学实验教学从实验教学设计、实验教学过程、信息分析处理和实验教学效果四个维度，设立了 20 项评价指标，每项评价指标满分 5 分，总分 100 分（见表 4-1）。每项指标由若干具体的评价标准阐述其内涵，对化学实验教学给出评价和建议，以期能全面评价教师化学实验教学的质量。

表 4-1 教师实验教学评价标准

评 价 维 度	评 价 指 标	评 价 标 准[1][2]
实验教学设计 （25 分）	教学目标预设	1. 与教学进度一致，内容符合课程标准要求。 2. 目标明确，与学情相符。 3. 可观察、可操作、可测量。 4. 体现核心素养的基本导向。

---

① 宗意.高中生物教师实验教学能力评价体系和标准的建立 [D].大连：辽宁师范大学，2021.

② 罗业.高中物理教师实验教学评价研究 [D].天津：天津师范大学，2019.

评价维度	评价指标	评价标准
实验教学设计 （25分）	教学设计思路	1. 实验教学内容选择符合教学目标要求。 2. 实验教学设计依据现行教科书、课程标准和学情。 3. 重点、难点突出。 4. 实验内容的选择难易适中，具有可操作性。
	实验活动设计	1. 设计能体现自主、合作和探究相结合的学习方法。 2. 实验活动有利于素养目标达成，能顺利完成实验教学，教学过程流畅。
	教学方法选择	1. 根据实验教学目标选择正确的教学方法。 2. 运用板书、多媒体、数字化实验等手段辅助实验教学。 3. 注重对学生科学思维、科学品质的培养。
	教学评价策略	尊重学生差异，能调动不同层次学生的积极性。
实验教学过程 （35分）	预习与准备	1. 明确实验步骤及要点。 2. 进行预实验，列出可能出现的问题并制订解决方案。 3. 实验用品准备充分、放置有序，保持实验室清洁。 4. 布置明确的预习任务，为学生顺利进行实验打好基础。
	讲授与倾听	1. 讲清实验目的、实验原理、实验步骤和注意事项。 2. 规范介绍实验仪器和实验试剂。 3. 讲课精神饱满，感情充沛，设问释疑能调动学生的积极性。 4. 关注学生的听课状态。
	示范与模仿	1. 实验示范操作规范、步骤正确，注意环保，面向全体学生，示范效果好。 2. 学生能按照教师的实验操作要求，认真完成实验。
	指导与操作	1. 巡视、观察学生的实验情况，及时指导学生的实验操作。 2. 管理学生在实验课上的行为，制止无关行为和危险行为。
	生成与应对	1. 从容应对、认真分析实验探究中出现的异常现象，并给予恰当的解释。 2. 能及时处理实验过程中的突发情况，应对措施得当。
	探究与合作	1. 在教师指导下，学生能独立自主地完成全部实验。 2. 小组分工细致，集体讨论交流充分，合作意识强。
	评价与调控	1. 教师评价及时恰当，学生能积极主动地参与实验。 2. 课堂容量适当，时间分配合理，课堂进度合理。

评价维度	评价指标	评价标准
信息分析处理 （20分）	实验数据记录	1. 引导学生有计划、有目的地观察实验现象与数据。 2. 指导学生如实记录实验现象与数据。
	实验数据分析	1. 指导学生用科学的方法处理实验数据。 2. 指导学生用文字、图表、图像表征实验数据。 3. 引导学生对实验结果进行分析、总结，建构思维模型。 4. 遇到意外结果，实事求是地引导学生分析原因。
	实验结果分享	1. 给学生预留分享的时间和空间。 2. 指导学生用化学学科术语清晰表达自己的观点。 3. 引导学生总结实验成功的关键或失败的原因。
	实验报告撰写	指导学生规范撰写实验报告，并认真批改实验报告，合理评价。
实验教学效果 （20分）	必备知识 得以深化	1. 督促学生落实与实验有关的基础知识。 2. 结合实验事实和实验过程中生成的问题引发学生思考，启迪学生的思维，促进学生进行深度学习。
	学科能力 有效提升	1. 指导学生进行实验操作和数据的分析处理，提升学生的实验能力。 2. 发挥学生在实验探究中的主体作用，助力学生高阶思维的形成，帮助学生掌握科学探究的一般思路与方法。
	实验素养 充分发展	1. 发展学生科学探究与创新意识的核心素养。 2. 发展学生科学态度与社会责任的核心素养。
	化学观念 能够形成	1. 充分发挥实验教学的育人功能。 2. 基于科学探究，帮助学生建构化学观念、掌握科学方法。

2. 评价案例

美国教育心理学家加涅在其著作《学习的条件和教学论》中提出，把有关学习过程的知识与根据教学理论对学习任务所做的分析结合起来，可以直接应用于教学设计。针对具体的化学实验教学案例，我们可以依据实验教学评价标准，从不同角度对教学案例进行剖析，分析教学活动设计效果的优劣，并进一步归纳出一些优秀教学活动设计所具有的一般特征，以帮助我们更好地开展化学实验教学。下面结合"教学案例1　配制一定物质的量浓度的溶液"和"教学案例10　重结晶法提纯苯甲酸"进行讲解，分别见表 4-2 和表 4-3。

表 4-2　评价案例 1　配制一定物质的量浓度的溶液

评价维度	评价指标	实验教学评价	
		得分	评价说明
实验教学设计	教学目标预设	5	该案例中的教学目标设计层次分明，分别指向知识目标、能力目标和素养目标三个方面。教学目标的制定依据教科书、教师教学用书、课程标准和学情。在学生实验过程中，教师边指导边拍照记录，使用多媒体电子屏幕展示实验过程中的照片，并及时关注课堂生成的问题。教师引导学生自主探究容量瓶的设计，学生分小组合作完成实验任务，体现了自主、合作、探究相结合的学习方法。实验内容选择符合教学目标要求，依据《普通高中教科书　化学　必修　第一册》中的"实验 2-10　配制 100 mL 1.00 mol/L NaCl 溶液"和"实验活动 1　配制一定物质的量浓度的溶液"，教学内容饱满。增加了容量瓶的设计环节，这一实验创新设计有助于学生进一步理解容量瓶的构造和使用方法。实验教学设计环节给予满分评价。
	教学设计思路	5	
	实验活动设计	5	
	教学方法选择	5	
	教学评价策略	5	
实验教学过程	预习与准备	5	预习时，教师除了做好实验的预试和准备好实验用品，还布置了预习任务，引导学生做好实验前的准备。在学生开始实验操作之前，教师先讲解实验步骤并演示关键操作，演示实验面向全体学生，同时使用多媒体手段投屏至电子屏幕，便于学生观察细节。本实验操作简单，安排两人一组，配制两种溶液，两位学生轮流操作，使每位学生都能动手体验。实验过程中，教师巡视全场，及时解决学生遇到的问题。教师及时拍照，利用课堂生成的素材引导学生参与评价，增强了学生规范操作的意识，调动了学生的积极性。课堂组织有序，各环节时间分配合理，衔接紧凑，教师及时制止学生的无关行为，记录学生的错误操作，合理处理玻璃仪器破损等意外事件。实验教学过程环节给予满分评价。
	讲授与倾听	5	
	示范与模仿	5	
	指导与操作	5	
	生成与应对	5	
	探究与合作	5	
	评价与调控	5	
信息分析处理	实验数据记录	5	在学生实验过程中，教师引导学生认真观察实验现象，并如实地记录实验现象。教师拍照记录学生的典型错误操作，并及时归类。依据课堂生成的素材，在讨论交流环节引导学生进行误差分析，让学生建构误差分析思维模型。教师提供实验报告的标准格式，引导学生以填空的形式完成实验报告。信息分析处理环节给予满分评价。
	实验数据分析	5	
	实验结果分享	5	
	实验报告撰写	5	

评价维度	评价指标	实验教学评价	
		得分	评价说明
实验教学效果	必备知识得以深化	5	该案例从知识层面来看，巩固了物质的量浓度的概念及物质的量、物质的质量、物质的量浓度之间的转化关系等基础知识；从能力层面来看，复习了用天平称量固体试剂、用量筒量取液体试剂、溶解、稀释等基本操作，认识容量瓶并练习用容量瓶配制溶液，熟悉配制一定物质的量浓度溶液的步骤；从素养层面来看，从容量瓶的设计到结果与讨论环节，引导学生关注实验中的误差，落实从定量的角度研究物质的思路，体会宏观与微观的结合。在教学过程中，引导学生从配制一定物质的量浓度溶液的实验目的出发，提出如何设计简单的仪器控制溶液的体积的问题，进而引出容量瓶，发展学生科学探究和创新意识的核心素养；强调安全意识和环保意识，引导学生形成"绿色化学"观念；引导学生养成实验前有准备、实验中严格规范、实验信息记录实事求是、实验后及时处理废液和损耗的仪器的良好实验习惯。实验教学效果环节给予满分评价。
	学科能力有效提升	5	
	实验素养充分发展	5	
	化学观念能够形成	5	
总得分		100	

表 4-3　评价案例 2　重结晶法提纯苯甲酸

评价维度	评价指标	实验教学评价	
		得分	评价说明
实验教学设计	教学目标预设	5	该案例中的教学目标设计层次分明，分别指向知识目标、能力目标和素养目标三个方面。教学目标的制定依据教科书、课程标准和学情。本节课采用任务教学法，从苯甲酸的制备情境引入，提出探究问题，在通过实验探究解决问题的过程中达成本节课的实验目的。学生分小组合作完成实验任务，体现了自主、合作、探究相结合的学习方法。实验内容包括加热溶解、趁热过滤、冷却结晶、过滤、洗涤、干燥等一系列操作，内容饱满。本节课用保温瓶直接提供热水，减少了用酒精灯加热的步骤，大大节省了课堂时间。实验教学设计环节给予满分评价。
	教学设计思路	5	
	实验活动设计	5	
	教学方法选择	5	
	教学评价策略	5	

评价维度	评价指标	实验教学评价	
		得分	评价说明
实验教学过程	预习与准备	5	本实验的重点和难点是实验原理，因此教师设计了"环节二　方法研讨"进行突破。预习时，教师除了做好实验的预试和准备好实验用品，还布置了预习任务，引导学生做好实验前的准备。学生动手操作前教师讲解实验步骤和注意事项。本实验操作简单，实验过程中教师利用手机摄像，并投屏在电子屏幕上，使学生有意识地规范自己的实验操作。实验过程中教师巡视，及时为学生提供指导和帮助。过滤操作需要等待较长的时间，教师利用这段时间引导学生讨论沉淀洗涤的相关问题并拓展抽滤和热过滤的知识。课堂组织有序，各环节衔接紧凑，时间分配合理，教师及时制止学生的错误行为，合理处理玻璃仪器破损等意外事件。实验教学过程环节给予满分评价。
	讲授与倾听	5	
	示范与模仿	5	
	指导与操作	5	
	生成与应对	5	
	探究与合作	5	
	评价与调控	5	
信息分析处理	实验数据记录	5	在学生实验过程中，教师引导学生认真地观察实验现象，并如实地记录实验现象。教师拍摄学生实验操作的视频，并在电子屏幕上播放，这样做既有约束作用，也有示范作用；同时，将关键的操作记录下来，生成课堂素材，在讨论交流环节引导学生进行自评和互评，可以增强学生的规范操作意识。教师提供实验报告的标准格式，引导学生以填空的形式及时记录实验现象，并要求学生在课后完成实验报告。信息分析处理环节给予满分评价。
	实验数据分析	5	
	实验结果分享	5	
	实验报告撰写	5	
实验教学效果	必备知识得以深化	5	本案例从基本技能层面来看，复习了溶解、过滤等基本实验操作；从能力层面来看，理清了重结晶法提纯苯甲酸的实验原理，在此基础上理解并熟悉了加热溶解、趁热过滤、冷却结晶、过滤、洗涤、干燥等一系列重结晶的操作步骤，提升了学生的实验操作能力；从素养发展层面来看，通过苯甲酸性质的学习，设计实验提纯苯甲酸，初步形成有机物分离提纯方法选择的认知模型。在整个教学过程中，教师引导学生养成实验前有准备、实验过程严格规范、实验信息记录实事求是、实验后及时处理废液和损耗的仪器的良好实验习惯。实验教学效果环节给予满分评价。
	学科能力有效提升	5	
	实验素养充分发展	5	
	化学观念能够形成	5	
总得分		100	

二、 学生实验操作评价

1. 评价标准

化学实验对于发展学生化学学科核心素养具有至关重要的作用。为了更全面、更准确地诊断学生化学实验操作素养的发展情况，发挥评价的导向与促进作用，现依据新课标中的"学业质量水平"要求，在学生开展具体实验操作的情景下，采用表现性评价、纸笔测试、档案袋评价等评价方式，从化学实验知识与基本技能、化学实验思维与方法、化学实验探究能力、化学实验态度与责任等维度对学生的实验操作素养进行评价。

化学实验知识是化学实验所依据或所探究的化学学科知识与原理，主要包括化学学科观念、核心概念及具体知识等；化学实验基本技能是学生在化学实验过程中所形成的实验技术与能力。化学实验思维与方法是化学实验活动中对实验证据进行加工处理并形成科学结论的思维方式与途径，是学生顺利学习化学知识和解决化学问题过程中所应用的具有化学学科特质的思维视角和方式[1]。化学实验探究能力是科学探究能力在化学实验中的具体化，是学生运用实验来探究化学物质及其变化的本质和规律的一种能力[2]。化学实验态度与责任是高中化学学科核心素养之一——科学态度与社会责任在学生进行化学实验活动过程中的具体要求与表现。

普通高中学生化学实验素养评价标准包含 4 个评价维度、15 项评价指标，以及与此相对应的 56 条具体评价标准，具体如表 4-4 所示。

表 4-4　普通高中学生化学实验素养评价标准

评 价 维 度	评 价 指 标	评 价 标 准
化学实验知识 与基本技能	化学实验知识	1. 能正确使用化学符号表征实验相关物质的组成与结构。 2. 能准确描述实验相关物质的重要性质，能准确表述实验现象、实验结果及结论。 3. 能正确使用离子方程式、化学方程式、电极反应式等表征实验原理、实验结果及结论。 4. 能基于物质的量等物理量认识实验相关物质的组成及转化关系，并进行相应计算。

---

① 吴星. 高中化学核心素养的建构视角 [J]. 化学教学，2017，359 (2).

② 曾国琼. 如何通过化学实验培养学生的实验探究能力 [J]. 中学化学教学参考，2010，328 (12).

续表

评价维度	评价指标	评价标准
化学实验知识与基本技能	实验用品的选择与使用	1. 能识别并规范使用实验室中常见的试剂、仪器、装置和设备。 2. 能依据实验要求选择合适的试剂、仪器、装置和设备。 3. 能根据实验设计或装置图正确、有序地组装、拆卸实验装置。
	基本操作技能	1. 能正确完成试剂的取用、称量、溶解、加热、过滤、蒸发、蒸馏、萃取、分液、重结晶、滴定、配制溶液等基本实验操作。 2. 能依据实验方案完成简单的物质性质的研究、物质的制备、物质的分离提纯、物质的检验等实验。 3. 能积极学习、实践现代化学实验技术。
	实验安全技能	1. 能辨识常见的实验室标志及化学品安全使用标志。 2. 能妥善保存和管理实验室常见的试剂、仪器、装置和设备。 3. 知道应对常见实验安全问题的必要措施，并能妥善处理。
化学实验思维与方法	宏微结合与分类表征	1. 通过观察能辨识一定条件下实验相关物质的形态及变化的宏观现象。 2. 能根据实验相关物质的微观结构预测其在特定条件下可能具有的性质和发生的变化，并能解释其原因。 3. 能从宏观和微观相结合的视角分析与解决化学实验问题。 4. 能根据物质的组成元素、构成微粒及微粒间作用力的差异对实验相关物质进行分类。
	逻辑思维与辩证分析	1. 能运用对比、分析与综合、归纳与演绎、抽象与概括等方法形成对实验相关物质及其变化的理性认识。 2. 能对实验现象和结果进行分析、比较、概括、解释等高级思维活动。 3. 能从结构与性质相联系、变化与平衡相统一的视角分析和解决化学实验问题，能辩证地看待问题并作出合理决策。 4. 能用对立统一、联系发展和动态平衡的观点考察化学反应，预测在一定条件下实验相关物质可能发生的化学变化。

续表

评价维度	评价指标	评价标准
化学实验思维与方法	理论建构与模型认知	1. 能采用模型、符号等多种方式对实验相关物质的结构及其变化进行综合表征。 2. 能理解、描述和表示化学实验所需认知的模型，能运用模型解决简单的实验问题。 3. 能运用模型解释或推测实验相关物质的组成、结构、性质与变化。 4. 能通过实验初步建构简单模型，能探寻模型优化需要的证据。
化学实验探究能力	提出问题与形成猜想假设	1. 能发现和提出有价值的实验探究问题。 2. 能对实验所探究的问题提出合理的猜想与假设。
	实验设计与实施	1. 知道实验探究的一般过程与方法，能规范撰写简单的实验报告。 2. 能依据实验目的或作出的猜想与假设设计简单的实验方案。 3. 能依据实验方案完成实验探究过程。
	实验条件控制	1. 能使用量筒、滴定管等仪器准确取用或向反应体系中加入所需用量的试剂。 2. 能通过控制分液漏斗活塞、分批加入固体等方法调控反应进程，能用水浴加热等方法控制反应温度。 3. 能从温度、浓度、压强、催化剂等因素对化学反应速率、化学平衡的影响的视角，选择和优化实验条件。 4. 能依据反应体系内某些物质易被氧化、易水解、易燃易爆等性质，选用合适的方法避免不利反应的发生。 5. 能在实验过程中控制相关变量，具备运用变量控制法的实验探究素养。
	证据意识与推理能力	1. 能及时、准确地采集实验数据和观察实验现象，并能全面、如实地记录实验数据和实验现象。 2. 能用文字、化学符号、数据、图表等表征实验证据。 3. 能安全、无误地保存纸质或电子形式的实验证据。 4. 能对实验数据进行分析、处理。 5. 能基于数据和现象进行推理并作出解释、形成结论。

续表

评 价 维 度	评 价 指 标	评 价 标 准
化学实验探究能力	反思评价与讨论交流	1．能对实验过程和结果进行反思，说明假设、证据和结论之间的关系。 2．能对实验方案、实验过程和实验结论进行评价，能对"异常"现象提出疑问和新的实验设想，并进一步实施探究。 3．能判断并分析不正确的实验设计与操作对实验结果所产生的影响，并能提出改进措施。 4．能与同学交流实验探究的成果，能用恰当的形式表达和展示实验方案、过程及成果。
化学实验态度与责任	安全意识与环保理念	1．具备实验安全意识，能遵守实验室安全规范。 2．具备资源节约意识，能在实验中做到节约试剂、简约适度。 3．能践行绿色化学理念，在实验中形成循环利用、保护环境等观念。 4．能积极防治实验过程中可能产生的污染，保护环境，坚持可持续发展。
	科学态度与责任意识	1．能认识实验对于化学学科形成与发展的关键作用，重视在实验过程中发展化学学科素养。 2．能积极主动、沉稳认真、严谨求实地完成实验。 3．能尊重实验事实与证据，会独立思考，追求科学真理。能表达交流实验过程中发现的问题，敢于质疑，勇于创新。 4．具备团队意识，善于合作，能在分组实验中与他人合作完成实验。
	实验习惯	1．知道实验室管理制度，能服从教师及实验员的指导与安排。 2．具备实验规则意识，能遵守实验规则。 3．能保持实验室的干净、整洁。 4．能规范地处理常见实验废弃物。

2．评价案例

评价案例 1　配制一定物质的量浓度的溶液

以《普通高中教科书　化学　必修　第一册》中"实验 2-10　配制 100 mL 1.00 mol/L NaCl 溶液"和"实验活动 1　配制一定物质的量浓度的溶液"为参考，

设计实验过程如下。

【实验目标】

1. 掌握容量瓶的使用方法，学会配制一定物质的量浓度的溶液。
2. 加深对物质的量浓度概念的认识。
3. 初步体验定量实验过程，发展定量研究意识。

【实验用品】

烧杯、容量瓶（100 mL）、胶头滴管、量筒、玻璃棒、药匙、天平。
NaCl 固体、蒸馏水等。

【实验步骤】

"实验活动 1　配制一定物质的量浓度的溶液"实验过程

实验内容	实验步骤	实验记录及结论
配制 100 mL 1.00 mol/L NaCl 溶液	1. 计算溶质的质量 准确计算配制 100 mL 1.00 mol/L NaCl 溶液所需 NaCl 固体的质量。	m（NaCl）$= n$（NaCl）$\cdot M$（NaCl）$= c$（NaCl）$\cdot V$［NaCl（aq）］$\cdot M$（NaCl）$= 1.00\ \text{mol/L} \times 0.1\ \text{L} \times 58.5\ \text{g/mol} = 5.85\ \text{g}$
	2. 称量 在天平上准确称量出所需质量的 NaCl 固体。	当用托盘天平称取 NaCl 固体时，应称取 5.9 g。
	3. 配制溶液 将称好的 NaCl 固体放入烧杯中，再向烧杯中加入 40 mL 蒸馏水，用玻璃棒搅拌，使 NaCl 固体完全溶解。 将烧杯中的溶液沿玻璃棒注入 100 mL 容量瓶。若转移过程中烧杯中的溶液不慎洒到容量瓶外，会对实验结果造成什么影响？ 用少量蒸馏水洗涤烧杯内壁和玻璃棒 2～3 次，并将洗涤液也都注入容量瓶。若不进行该操作，会对实验结果造成什么影响？ 轻轻摇动容量瓶，使溶液混合均匀。 向容量瓶中加入蒸馏水，直至液面在刻度线以下 1～2 cm 时，改用胶头滴管滴加蒸馏水，至溶液的凹液面与刻度线相切。盖好容量瓶瓶塞，反复上下颠倒，摇匀。	在转移溶液的过程中，若烧杯中的溶液不慎洒到容量瓶外，则会损失溶液中所溶解的溶质，在最终溶液总体积仍为 100 mL 的情况下，会使所配溶液中溶质的浓度减小。 洗涤液中溶有所需溶质，若未将洗涤液注入容量瓶，则会损失溶质，在最终溶液总体积仍为 100 mL 的情况下，会使所配溶液中溶质的浓度减小。

实验内容	实 验 步 骤	实验记录及结论
配制 100 mL 1.00 mol/L NaCl 溶液	4. 装瓶并贴标签 将配制好的溶液倒入试剂瓶中，贴好标签。	—
用 1.00 mol/L NaCl 溶液 配制 100 mL 0.50 mol/L NaCl 溶液	1. 计算所需 1.00 mol/L NaCl 溶液的体积 计算配制 100 mL 0.50 mol/L NaCl 溶液所需 1.00 mol/L NaCl 溶液的体积。	V（浓溶液） $=\dfrac{c（稀溶液）\cdot V（稀溶液）}{c（浓溶液）}$ $=\dfrac{0.50\ \text{mol/L}\times 0.1\ \text{L}}{1.00\ \text{mol/L}}=0.05\ \text{L}$
	2. 量取 1.00 mol/L NaCl 溶液的体积 用量筒量取所需体积的 1.00 mol/L NaCl 溶液并注入烧杯中。	当用量筒量取 1.00 mol/L NaCl 溶液时，应量取 50.0 mL。
	3. 配制稀溶液 向盛有 1.00 mol/L NaCl 溶液的烧杯中加入 20 mL 蒸馏水，用玻璃棒慢慢搅动，使其混合均匀。 将烧杯中的溶液沿玻璃棒注入 100 mL 容量瓶。用少量蒸馏水洗涤烧杯内壁和玻璃棒 2～3 次，并将洗涤液也都注入容量瓶。轻轻摇动容量瓶，使溶液混合均匀。 向容量瓶中加入蒸馏水，直至液面在刻度线以下 1～2 cm 时，改用胶头滴管滴加蒸馏水，至溶液的凹液面与刻度线相切。若仰视或者俯视容量瓶上的刻度线，会对实验结果造成什么影响？若不慎加蒸馏水超过刻度线，会对实验结果造成什么影响？ 盖好容量瓶瓶塞，反复上下颠倒，摇匀。	若仰视容量瓶上的刻度线，则所加蒸馏水超量，使所配溶液浓度减小；若俯视容量瓶上的刻度线，则所加蒸馏水不足，使所配溶液浓度增大。 若液面超过刻度线，则说明加入的蒸馏水超量，在溶质的量准时，使所配溶液浓度减小，应重新配制。
	4. 装瓶并贴标签 将配制好的 100 mL 0.5 mol/L NaCl 溶液倒入试剂瓶中，贴好标签。	

　　依据学生化学实验素养评价标准，对本实验活动中学生所表现出来的实验素养进行评价，评价标准如下表所示。

"实验活动1　配制一定物质的量浓度的溶液"学生实验素养评价

评价维度	评价指标	评价标准
化学实验知识与基本技能	化学实验知识	1. 能理解物质的量浓度的概念。 2. 能依据质量、物质的量、摩尔质量、体积、物质的量浓度之间的定量关系进行计算。 3. 能依据浓溶液配制稀溶液时的定量关系进行计算。
	实验用品的选择与使用	1. 能依据所选用天平的精确度确定所称量药品的质量。 2. 能依据所配溶液的体积选用合适规格的容量瓶、烧杯、量筒。
	基本操作技能	1. 能熟练使用天平称取所需质量的 NaCl 固体。 2. 能熟练使用玻璃棒进行搅拌、引流等操作。 3. 会检查容量瓶是否漏水。 4. 能认识并正确使用容量瓶配制溶液。 5. 能掌握配制一定物质的量浓度溶液的步骤。
	实验安全技能	1. 能妥善保存实验所配溶液。 2. 知道容量瓶的使用注意事项。
化学实验思维与方法	宏微结合与分类表征	1. 能通过实验进一步理解宏观物质的质量、物质的量浓度与物质的量之间的关系。 2. 能初步建立宏观和微观相结合的思想。
	逻辑思维与辩证分析	能通过类比初中学生实验"一定溶质质量分数的氯化钠溶液的配制"的原理及步骤学习本实验。
	理论建构与模型认知	能用化学符号表征物质的质量、物质的量、摩尔质量、物质的量浓度等物理量,并能表征上述物理量之间的定量关系。
化学实验探究能力	提出问题与形成猜想假设	能预测不准确的实验操作可能造成所配溶液浓度的误差。
	实验设计与实施	1. 掌握配制一定物质的量浓度的溶液的一般方法和技能。 2. 能依据实验要求独立完成实验,初步形成定量研究意识。
	实验条件控制	1. 溶解固体溶质、稀释浓溶液时能加入合适体积的蒸馏水。 2. 沿玻璃棒向容量瓶中转移液体时能不洒出液体。 3. 改用胶头滴管滴加蒸馏水定容时能恰好使溶液的凹液面与容量瓶的刻度线相切。
	证据意识与推理能力	1. 观察认真,记录详尽。 2. 知道规范操作对确保所配溶液浓度准确的重要性。
	反思评价与讨论交流	1. 能判断并分析不正确的实验操作对所配溶液浓度产生的影响。 2. 知道实验操作有错误时的正确处理方法。

评价维度	评价指标	评价标准
化学实验 态度与责任	安全意识与 环保理念	1. 能安全地完成实验。 2. 能节约试剂、保护环境。
	科学态度与 责任意识	1. 能积极主动地完成实验，操作严谨规范。 2. 能思考并交流实验误差产生的原因，敢于质疑。
	实验习惯	1. 能服从教师及实验员的指导与安排。 2. 完成实验后能正确清洗仪器，将废渣废液倒入指定容器内。 3. 能有序摆放实验用品，整理好实验台。

评价案例 2　铁及其化合物的性质

以《普通高中教科书　化学　必修　第一册》中"实验活动 2　铁及其化合物的性质"为参考，设计实验过程如下。

【实验目标】

1. 掌握用已知试剂验证铁及其化合物的重要化学性质的方法。

2. 学会铁离子的检验方法。

3. 通过实验现象认识可通过氧化还原反应实现含有不同价态同种元素的物质间的相互转化。

4. 明确实验目的，知道操作要领和注意事项，加深对铁及其化合物性质的认识。

【实验用品】

试管、胶头滴管、钥匙、镊子。

$CuSO_4$ 溶液、$FeCl_3$ 稀溶液、$FeCl_2$ 溶液、$FeSO_4$ 溶液、酸性 $KMnO_4$ 溶液、KSCN 溶液、KI 溶液、淀粉溶液、蒸馏水、锌片、铜片、铁粉、铁丝等。

【实验步骤】

"实验活动 2　铁及其化合物的性质"实验过程

实验内容	实验步骤	实验记录及结论
铁及其化合物的性质	1. 铁单质的还原性 在一支试管中加入 2 mL $CuSO_4$ 溶液，再将一段铁丝放入 $CuSO_4$ 溶液中。过一会儿，取出铁丝，观察现象并加以解释。	实验现象：铁丝表面有红色固体。 反应的化学方程式： $CuSO_4 + Fe = FeSO_4 + Cu$ 实验结论：还原性 Fe＞Cu。

实　验　内　容	实　验　步　骤	实验记录及结论
铁及其化合物的性质	2. 铁盐的氧化性 （1）取 3 mL FeCl$_3$ 稀溶液加入试管中，加入几小块铜片，振荡，过一会儿，观察现象。 （2）在一支盛有 3 mL 水的试管中滴加几滴 FeCl$_3$ 稀溶液，再滴加 3 滴 KI 溶液，观察现象。然后向溶液中滴加 2 滴淀粉溶液，观察现象。	（1）实验现象：溶液呈浅绿色。 反应的化学方程式：$2FeCl_3 + Cu \Longrightarrow CuCl_2 + 2FeCl_2$ 实验结论：氧化性 $Fe^{3+} > Cu^{2+}$。 （2）实验现象：溶液先呈褐色，滴加淀粉后变成蓝色。 反应的化学方程式：$2FeCl_3 + 2KI \Longrightarrow I_2 + 2KCl + 2FeCl_2$ 实验结论：氧化性 $Fe^{3+} > I_2$。
	3. 亚铁盐的氧化性和还原性 （1）取 3 mL FeCl$_2$ 溶液加入试管中，加入几小块锌片，振荡，过一会儿，观察现象。 （2）在一支试管中加入少量酸性 KMnO$_4$ 溶液，然后向试管中加入少量 FeSO$_4$ 溶液，观察溶液的颜色变化。当溶液紫色褪去时，再滴加 2 滴 KSCN 溶液，观察现象。	（1）实验现象：溶液变无色，试管底部有黑色物质。 反应的化学方程式：$Zn + FeCl_2 \Longrightarrow ZnCl_2 + Fe$ 实验结论：还原性 $Zn > Fe$。 （2）实验现象：紫色褪去后，加 KSCN 溶液显红色。 实验结论：氧化性 $KMnO_4 > Fe^{3+}$。
铁离子的检验	在一支试管中加入 2 mL 蒸馏水，再滴加几滴 FeCl$_3$ 稀溶液，然后滴加几滴 KSCN 溶液，观察现象。	实验现象：溶液变红色。 反应的化学方程式： $FeCl_3 + 3KSCN \Longrightarrow 3KCl + Fe(SCN)_3$ 实验结论：KSCN 溶液可用于 Fe^{3+} 的检验。
	在一支试管中加入少量 FeCl$_3$ 稀溶液，然后加入适量铁粉，轻轻振荡片刻，再滴加几滴 KSCN 溶液，观察现象。	实验现象：加铁粉后，再加 KSCN 溶液，溶液不变红。 反应的化学方程式： $2FeCl_3 + Fe \Longrightarrow 3FeCl_2$ 实验结论：Fe^{2+} 与 KSCN 溶液作用无明显现象。

依据学生化学实验素养评价标准，对本实验活动中学生所表现出的实验素养进行评价，评价标准如下表所示。

"实验活动 2 铁及其化合物的性质"学生实验素养评价

评价维度	评价指标	评价标准
化学实验知识 与基本技能	化学实验知识	1. 能正确写出以下反应的化学方程式：铁与 $CuSO_4$ 溶液，$FeCl_3$ 溶液与铜，$FeCl_3$ 溶液与 KI 溶液，$FeCl_3$ 溶液与铁，$FeCl_2$ 溶液与锌，$FeCl_3$ 溶液与 KSCN 溶液。 2. 能准确表述 $FeCl_2$ 溶液、$FeCl_3$ 溶液、碘水、碘遇淀粉、$FeCl_3$ 与 KSCN 反应后溶液的颜色。 3. 能准确描述所涉及反应的实验现象。
	实验用品的 选择与使用	1. 能选用合适的仪器和试剂验证铁盐的氧化性。 2. 能选用合适的仪器和试剂验证亚铁盐的氧化性和还原性。 3. 能选用合适的仪器和试剂检验铁离子。
	基本操作技能	1. 能规范使用胶头滴管滴加溶液。 2. 能正确向试管中添加块状和粉末状固体。 3. 能正确振荡试管。
	实验安全技能	知道碘水的毒性、$KMnO_4$ 的毒性和腐蚀性，能控制溶液的滴加量。
化学实验 思维与方法	宏微结合与 分类表征	1. 能用符号表征物质间的反应。 2. 能从宏观现象推测物质的氧化性、还原性的强弱。 3. 能通过实验进一步理解价态与氧化性、还原性的关系。 4. 能初步建立宏观和微观相结合的思想。
	逻辑思维与 辩证分析	能通过氧化还原反应的知识从价态角度预测铁盐和亚铁盐的性质。
	理论建构与 模型认知	能通过对实验现象的分析得出铁盐的氧化性和亚铁盐的氧化性、还原性的事实依据，进一步推导"铁三角"的相互转化。
化学实验 探究能力	提出问题与 形成猜想假设	1. 能根据铁元素的价态猜测相应的性质。 2. 能根据相应的反应预测可能的实验现象。
	实验设计与 实施	1. 掌握验证类实验的一般方法和技能。 2. 能依据实验要求独立完成实验。

续表

评价维度	评价指标	评价标准
化学实验探究能力	实验条件控制	1. 能根据实验要求控制溶液的滴加量。 2. 能取用大小合适的铜片和锌片参加反应。 3. 能取用适量的铁粉参加反应。
	证据意识与推理能力	1. 能认真观察并准确、详尽地记录实验现象。 2. 能通过对实验现象的分析得出铁盐和亚铁盐的性质。 3. 能通过对实验现象的分析得出铁离子的检验方法。
	反思评价与讨论交流	能与同学交流实验探究的成果，并用恰当的形式表达和展示实验方案、过程及成果。
化学实验态度与责任	安全意识与环保理念	1. 能安全地完成实验。 2. 能节约试剂、保护环境。
	科学态度与责任意识	能积极主动地完成实验，操作严谨规范。
	实验习惯	1. 能服从教师及实验员的指导与安排。 2. 完成实验后能正确清洗仪器，并将废渣废液倒入指定容器内。 3. 能有序摆放实验用品，整理好实验台。

评价案例3　同周期、同主族元素性质的递变

以《普通高中教科书　化学　必修　第一册》中"实验活动3　同周期、同主族元素性质的递变"为参考，设计实验过程如下。

【实验目标】

1. 加深对同周期、同主族元素性质递变规律的认识。

2. 体会元素周期表和元素周期律在学习元素化合物知识中的重要作用。

3. 发展依据实验方案进行实验、收集和表述实验证据，基于实验事实得出结论的实验探究素养。

【实验用品】

试管、试管夹、试管架、量筒、胶头滴管、酒精灯、白色点滴板、镊子、砂纸、火柴。

镁条、新制的氯水、溴水、氨水、NaBr 溶液、NaI 溶液、$MgCl_2$ 溶液、$AlCl_3$ 溶液、1 mol/L NaOH 溶液、酚酞溶液等。

【实验步骤】

"实验活动3 同周期、同主族元素性质的递变"实验过程

实验内容	实验步骤	实验记录及结论
同主族元素性质的递变	（1）在点滴板的3个孔穴中分别滴入3滴 NaBr 溶液、NaI 溶液和新制的氯水，然后向 NaBr 溶液和 NaI 溶液中各滴入3滴新制的氯水。观察颜色变化，并与氯水的颜色进行比较。写出反应的化学方程式。	实验现象：NaBr 溶液和 NaI 溶液均为无色，新制的氯水呈黄绿色（颜色合理即可，下同）。滴入新制的氯水后，NaBr 溶液由无色变为橙黄色，NaI 溶液由无色变为棕黄色。 反应的化学方程式： $2NaBr + Cl_2 == 2NaCl + Br_2$ $2NaI + Cl_2 == 2NaCl + I_2$
	（2）在点滴板的两个孔穴中分别滴入3滴 NaI 溶液和溴水，然后向 NaI 溶液中滴入3滴溴水。观察颜色变化，并与溴水的颜色进行比较。写出反应的化学方程式。	实验现象：溴水呈橙黄色。滴入溴水后，NaI 溶液由无色变为棕黄色。 反应的化学方程式：$2NaI + Br_2 == 2NaBr + I_2$ 实验结论： ①元素的非金属性：$Cl > Br > I$； ②同主族元素从上到下，非金属性逐渐减弱。
同周期元素性质的递变	（1）回忆钠与水反应的实验，写出实验现象和化学方程式。	实验现象：钠与冷水剧烈反应。 反应的化学方程式：$2Na + 2H_2O == 2NaOH + H_2\uparrow$
	（2）设计实验，比较镁与冷水、热水的反应，观察并记录实验现象。	实验方案：取一小段镁条，用砂纸磨去表面的氧化膜，放入试管中。向试管中加入2 mL 水，并滴入2滴酚酞溶液，观察现象。过一会儿加热试管至液体沸腾，观察现象。 实验现象：镁与冷水反应缓慢，与热水反应迅速，酚酞溶液变为红色。 反应的化学方程式：$Mg + 2H_2O \xrightarrow{\triangle} Mg(OH)_2 + H_2\uparrow$ 实验结论：元素的金属性 $Na > Mg$。

实 验 内 容	实 验 步 骤	实 验 记 录 及 结 论
同周期元素性质的递变	（3）设计实验，通过 $MgCl_2$、$AlCl_3$ 与碱的反应，比较 $Mg(OH)_2$、$Al(OH)_3$ 的碱性强弱。	实验方案：向试管中加入 2 mL 1 mol/L $AlCl_3$ 溶液，然后滴加氨水，直到不再产生白色絮状沉淀为止。将所得沉淀分装至两支试管中，向其中一支试管中滴加 2 mol/L 盐酸，向另一支试管中滴加 2 mol/L NaOH 溶液。边滴加边振荡，观察现象。用 2 mL 1 mol/L $MgCl_2$ 溶液代替 $AlCl_3$ 溶液，按上述步骤完成实验，观察现象，并进行比较。 实验现象：$Al(OH)_3$ 沉淀溶于盐酸和 NaOH 溶液；$Mg(OH)_2$ 沉淀溶于盐酸，不溶于 NaOH 溶液。 反应的化学方程式： $Al(OH)_3 + 3HCl =\!=\!= AlCl_3 + 3H_2O$ $Al(OH)_3 + NaOH =\!=\!= NaAlO_2 + 2H_2O$ $Mg(OH)_2 + 2HCl =\!=\!= MgCl_2 + 2H_2O$ 实验结论： ①元素的金属性 Na＞Mg＞Al； ②同周期元素从左到右，金属性逐渐减弱。

依据学生化学实验素养评价标准，对本实验活动中学生所表现出的实验素养进行评价，评价标准如下表所示。

"实验活动 3　同周期、同主族元素性质的递变"学生实验素养评价

评 价 维 度	评 价 指 标	评 价 标 准
化学实验知识与基本技能	化学实验知识	1. 能正确写出以下反应的化学方程式：NaBr 溶液与新制的氯水，NaI 溶液与新制的氯水，NaI 溶液与溴水，钠与水，镁与水，$Al(OH)_3$ 与盐酸，$Al(OH)_3$ 与 NaOH 溶液，$Mg(OH)_2$ 与盐酸。 2. 能准确表述新制的氯水、溴水、碘水的颜色。 3. 能准确描述钠与水反应的实验现象。
	实验用品的选择与使用	1. 能依据镁与冷水、热水反应的实验方案选用合适的仪器和试剂。 2. 能依据比较 $Mg(OH)_2$ 和 $Al(OH)_3$ 碱性强弱的实验方案选用合适的仪器和试剂。

评价维度	评价指标	评价标准
化学实验知识 与基本技能	基本操作技能	1. 能规范使用胶头滴管滴加溶液。 2. 能正确使用点滴板完成溶液混合。 3. 会用砂纸磨去镁条表面的氧化膜。 4. 能正确加热试管至液体沸腾。 5. 能将制得的沉淀分装在两支试管中。 6. 能依据实验要求独立完成实验或在分组实验中与他人合作完成实验。
	实验安全技能	1. 知道新制的氯水、溴水、碘水等试剂具有毒性，能正确地回收含 Cl_2、Br_2、I_2 的废液。 2. 能正确保存、取用和使用金属钠，知道金属钠着火应用干燥的沙土灭火。
化学实验 思维与方法	宏微结合与 分类表征	1. 能从宏观和微观相结合的视角分析元素性质的周期性变化与元素原子的核外电子排布的周期性变化之间的必然关系。 2. 能理解元素"构""位""性"三者的关系，形成"结构决定性质，性质反映结构"的观念。
	逻辑思维与 辩证分析	1. 能利用元素在周期表中的位置和原子结构，分析、预测、比较元素及其化合物的性质。 2. 能在演绎元素性质的基础上，以事实为依据，归纳出同周期、同主族元素性质的递变规律。
	理论建构与 模型认知	能应用"构""位""性"的认识模型，认识不同元素之间的联系。
化学实验 探究能力	提出问题与 形成猜想假设	能通过实验现象的对比形成同周期、同主族元素性质递变规律的猜想。
	实验设计与 实施	1. 能设计镁与冷水、热水反应的实验方案并完成实验。 2. 能设计比较 $Mg(OH)_2$ 和 $Al(OH)_3$ 碱性强弱的实验方案并完成实验。
	实验条件控制	1. 能控制溶液的滴加量，使溶液不从点滴板孔穴中溢出。 2. 能取用大小合适的镁条与水反应。 3. 能控制碱溶液的滴加量，使 $AlCl_3$ 沉淀完全、$Al(OH)_3$ 恰好完全溶解。

续表

评价维度	评价指标	评价标准
化学实验探究能力	证据意识与推理能力	1. 向 NaBr 溶液和 NaI 溶液中各滴入 3 滴新制的氯水后，能认真观察并准确记录溶液颜色的变化。 2. 向 NaI 溶液中滴入溴水后，能认真观察并准确记录溶液颜色的变化。 3. 能观察并准确记录镁与冷水、热水反应的实验现象。 4. 能观察并准确记录 Mg(OH)$_2$、Al(OH)$_3$ 分别与盐酸、NaOH 溶液反应的现象。 5. 能通过对实验现象的分析正确比较氯、溴、碘元素非金属性的强弱，进而形成同主族元素性质的递变规律。 6. 能通过对实验现象的分析正确比较钠、镁、铝元素金属性的强弱，进而形成同周期元素性质的递变规律。
	反思评价与讨论交流	能与同学交流实验探究的成果，能用恰当的形式表达和展示实验方案、过程及成果。
化学实验态度与责任	安全意识与环保理念	1. 能安全地完成实验。 2. 能有效预防新制的氯水、溴水、碘水等试剂可能引起的污染。 3. 能在确保完成实验的基础上节约试剂。
	科学态度与责任意识	1. 能积极主动地完成实验，严谨规范，沉稳认真。 2. 能尊重实验事实与证据，追求科学真理。 3. 能依据实验要求与他人合作完成实验。
	实验习惯	1. 能服从教师及实验员的指导与安排。 2. 完成实验后能正确清洗仪器，将废渣废液倒入指定容器内，回收未使用的金属钠、镁等。 3. 能有序摆放实验用品，整理好实验台。

评价案例4　乙醇、乙酸的主要性质

以《普通高中教科书　化学　必修　第二册》中"实验活动9　乙醇、乙酸的主要性质"为参考，设计实验过程如下。

【实验目标】

1. 通过实验加深对乙醇、乙酸主要性质的认识。

2. 初步了解有机化合物的制备方法。

3. 提高实验设计能力，体会实验设计在科学探究中的应用。

【实验用品】

试管、试管夹、量筒、胶头滴管、玻璃导管、乳胶管、橡胶塞、铁架台、试管架、酒精灯、火柴、碎瓷片。

乙醇、乙酸、饱和 Na_2CO_3 溶液、浓硫酸、铜丝等。

【实验步骤】

"实验活动 9 乙醇、乙酸的主要性质"实验过程

实验内容	实验步骤	实验记录及结论
乙醇的性质	1. 乙醇的物理性质 向试管中加入少量乙醇，观察其状态，闻其气味。	乙醇是无色、有特殊香味的液体。
	2. 乙醇的燃烧 设计实验验证乙醇完全燃烧的产物：在燃烧的酒精灯上方用内壁涂有澄清石灰水的烧杯验证 CO_2，用倒扣的干燥烧杯验证 H_2O。	实验现象：涂有澄清石灰水的烧杯内壁变白，倒扣的干燥烧杯内壁有水珠。 反应的化学方程式： $CH_3CH_2OH+3O_2 \xrightarrow{点燃} 2CO_2+3H_2O$ 实验结论：乙醇完全燃烧的产物是 CO_2 和 H_2O。
	3. 乙醇的催化氧化 在试管中加入少量乙醇，把一端弯成螺旋状的铜丝放在酒精灯外焰上加热，使铜丝表面生成一薄层黑色的 CuO，立即将其插入盛有乙醇的试管中，这样反复操作几次。注意小心地闻生成物的气味，并观察铜丝表面的变化。	实验现象：铜丝表面由红变黑，后又变红；试管中有刺激性气味的物质生成。 反应的化学方程式： $2CH_3CH_2OH+O_2 \xrightarrow[\triangle]{Cu} 2CH_3CHO+2H_2O$ 实验结论：乙醇发生氧化反应，Cu 作催化剂。
乙酸的性质	1. 乙酸的物理性质 向试管中加入少量乙酸，观察其状态，小心地闻其气味。	乙酸是有强烈刺激性气味的无色液体。
	2. 乙酸的酸性 设计实验，证明乙酸具有酸的通性，并比较乙酸与碳酸的酸性强弱。	实验方案：用试管取少许 Na_2CO_3 溶液，向其中滴加乙酸，观察现象。 实验现象：试管中有气泡逸出。 反应的化学方程式： $2CH_3COOH+Na_2CO_3 \longrightarrow 2CH_3COONa+CO_2\uparrow+H_2O$ 实验结论：乙酸比碳酸的酸性强。

实验内容	实验步骤	实验记录及结论
乙酸的性质	3. 乙酸的酯化反应 在一支试管中加入 2 mL 乙醇，然后边振荡试管边慢慢加入 0.5 mL 浓硫酸和 2 mL 乙酸，再加入几片碎瓷片。在另一支试管中加入 3 mL 饱和 Na_2CO_3 溶液，连接好装置。用小火加热试管里的混合物，产生的蒸气经导管通到饱和 Na_2CO_3 溶液的上方约 0.5 cm 处，注意观察该试管内的变化。取下盛有饱和 Na_2CO_3 溶液的试管，并停止加热。振荡盛有饱和 Na_2CO_3 溶液的试管，静置，待溶液分层后观察上层的油状液体，并注意闻气味。	实验现象：饱和 Na_2CO_3 溶液分两层，上层为无色、油状、有香味的液体，下层为无色液体。 反应的化学方程式： $$CH_3COOH + CH_3CH_2OH \underset{\triangle}{\overset{浓硫酸}{\rightleftharpoons}} CH_3COOCH_2CH_3 + H_2O$$ 实验结论：乙酸与乙醇在浓硫酸作催化剂和加热的条件下发生酯化反应。

依据学生化学实验素养评价标准，对本实验活动中学生所表现出的实验素养进行评价，评价标准如下表所示。

"实验活动 9　乙醇、乙酸的主要性质"学生实验素养评价

评价维度	评价指标	评价标准
化学实验知识 与基本技能	化学实验知识	1. 能正确写出以下反应的化学方程式：乙醇的完全燃烧、乙醇的催化氧化、乙酸与 Na_2CO_3 溶液反应、乙酸与乙醇的酯化反应。 2. 能准确描述上述反应的实验现象。
	实验用品的 选择与使用	1. 能选用合适的仪器和试剂验证乙醇完全燃烧的产物。 2. 能选用合适的仪器和试剂完成乙醇催化氧化的实验。 3. 能选用合适的仪器和试剂比较乙酸与碳酸的酸性强弱。 4. 能根据装置图连接乙酸与乙醇的酯化反应装置。
	基本操作技能	1. 能正确检验 CO_2 和 H_2O。 2. 能规范使用胶头滴管滴加液体。 3. 能正确向试管中添加碎瓷片。 4. 能正确振荡试管。
	实验安全技能	1. 能正确取用浓硫酸。 2. 能正确调整末端导管的高度，防止饱和碳酸钠溶液倒吸。 3. 能正确添加碎瓷片，防止液体暴沸。

续表

评价维度	评价指标	评价标准
化学实验思维与方法	宏微结合与分类表征	1. 能通过实验进一步理解有机物的性质与官能团之间的关系。 2. 能初步建立宏观性质和微观结构相结合的思想。
	逻辑思维与辩证分析	能通过类比方法分析乙酸的酸性。
	理论建构与模型认知	能根据乙醇和乙酸中官能团的性质推出醇类和酸类的通性。
化学实验探究能力	提出问题与形成猜想假设	1. 能说出乙醇的催化氧化可能的产物。 2. 能分析乙酸的酯化反应中用饱和 Na_2CO_3 溶液吸收的可能原因。
	实验设计与实施	能依据实验要求独立完成实验。
	实验条件控制	1. 能控制溶液的滴加量。 2. 能掌握乙酸、乙醇、浓硫酸三种液体的滴加顺序。 3. 能控制小火加热。
	证据意识与推理能力	1. 能通过对实验现象的分析得出乙醇发生两种类型的氧化反应。 2. 能通过对实验现象的分析得出乙酸的酸性强弱。
	反思评价与讨论交流	1. 能与同学交流实验探究的成果，能用恰当的形式表达和展示实验方案、过程及成果。 2. 观察认真，记录详尽。 3. 能通过对实验现象的分析比较醇类和羧酸类化合物中羟基的活性。
化学实验态度与责任	安全意识与环保理念	1. 能安全地完成实验。 2. 能节约试剂、保护环境。
	科学态度与责任意识	1. 能积极主动地完成实验，操作严谨规范。 2. 能思考并交流产生不同现象的原因，敢于质疑。
	实验习惯	1. 能服从教师及实验员的指导与安排。 2. 完成实验后能正确清洗仪器，将废渣废液倒入指定容器内。 3. 能有序摆放实验用品，整理好实验台。

评价案例 5　制作简单的燃料电池

以《普通高中教科书　化学　选择性必修 1　化学反应原理》中"实验活动 5 制作简单的燃料电池"为参考，设计实验过程如下。

【实验目标】

1. 通过电解水实验，加深对电解池工作原理的认识，促进对电解池认知模型的建构。

2. 通过制作氢氧燃料电池，加深对原电池工作原理的认识，促进对原电池认知模型的建构。

3. 发展依据实验方案进行实验、收集和表述实验证据，基于实验事实得出结论的实验探究素养。

【实验用品】

U 形管、石墨棒（石墨棒使用前应该经过烘干活化处理）、3～6 V 的直流电源、鳄鱼夹、导线和开关、电流表。

1 mol/L Na_2SO_4 溶液、酚酞溶液。

【实验步骤】

"实验活动 5　制作简单的燃料电池"实验过程

实验内容	实验步骤	实验记录及结论
电解水	（1）在 U 形管中注入 1 mol/L Na_2SO_4 溶液，然后向其中滴入 1～2 滴酚酞溶液。如下图所示，在 U 形管的两边分别插入一根石墨棒，并用鳄鱼夹、导线连接电源。写出电池的电极反应、电极材料、离子导体和电子导体。 	阳极反应：$2H_2O-4e^-=O_2\uparrow+4H^+$ 阴极反应：$2H_2O+2e^-=H_2\uparrow+2OH^-$ 总反应：$2H_2O\xrightarrow{电解}2H_2\uparrow+O_2\uparrow$ 电极材料：石墨。 离子导体：Na_2SO_4 溶液。 电子导体：金属导线。
	（2）闭合 K_1，接通直流电源开始电解，观察并记录现象。	实验现象：两极均有无色气体产生，阴极石墨棒附近的溶液变为红色。
	（3）思考并说出至少一种可以用于替代 Na_2SO_4 溶液的电解质溶液。	稀硫酸、NaOH 溶液等（合理即可）。

续表

实验内容	实 验 步 骤	实验记录及结论
制作氢氧燃料电池	（1）当电解水的过程进行 $1\sim2$ min 后，打开 K_1，断开直流电源。将两根石墨棒用导线分别与电流表相连。写出电池的电极反应、电极材料、离子导体和电子导体。	负极反应：$H_2-2e^-\!=\!=2H^+$ 正极反应：$O_2+2H_2O+4e^-\!=\!=4OH^-$ 总反应：$2H_2+O_2\xrightarrow{\text{电解}}2H_2O$ 电极材料：石墨。 离子导体：Na_2SO_4 溶液。 电子导体：金属导线。
	（2）闭合 K_2，观察并记录现象。	实验现象：电流表指针偏转，负极石墨棒附近溶液红色逐渐变浅。
	（3）思考并说出至少一种可以用于替代 Na_2SO_4 溶液的电解质溶液。	稀硫酸、NaOH 溶液等（合理即可）。

依据学生化学实验素养评价标准，对本实验活动中学生所表现出的实验素养进行评价，评价标准如下表所示。

"实验活动5 制作简单的燃料电池"学生实验素养评价

评价维度	评价指标	评价标准
化学实验知识与基本技能	化学实验知识	1. 能正确写出电解水、氢氧燃料电池的电极反应、电极材料、离子导体和电子导体。 2. 能说出至少一种可以用于替代 Na_2SO_4 溶液的电解质溶液。
	实验用品的选择与使用	1. 能根据实验需要辨识并选用直流电源、电流表等仪器。 2. 能根据装置图连接装置。
	基本操作技能	1. 能熟练使用直流电源、电流表、开关等。 2. 能正确地向 U 形管中添加试剂。
	实验安全技能	能注意用电安全，正确使用电器，不用湿手去操作，实验完毕及时切断电源。
化学实验思维与方法	宏微结合与分类表征	1. 能从微观视角认识和分析电池的工作原理。 2. 能用图示和符号表征电解水、氢氧燃料电池的工作原理。 3. 能从物质转化和能量转化的角度区分原电池和电解池，能从电化学本质上初步将二者建立联系。
	逻辑思维与辩证分析	1. 能以电解水、氢氧燃料电池为例分析解释电解池、原电池的工作原理。 2. 能依据原电池模型、电解池模型推理预测可能发生的反应。 3. 能运用基于系统思想的研究方法深入认识电解池、原电池的区别与联系。

评价维度	评价指标	评价标准
化学实验思维与方法	理论建构与模型认知	1. 能辨识常见的原电池和电解池，知道电池构成的基本要素。 2. 能用原电池模型、电解池模型认识常见电池的工作原理及其重要应用。
化学实验探究能力	提出问题与形成猜想假设	能对电解水、氢氧燃料电池的工作原理和现象提出合理的猜想与假设。
	实验设计与实施	1. 能依据实验目的设计简单的原电池、电解池。 2. 能依据预定实验方案完成实验，并具备一定的改进实验的能力。
	实验条件控制	1. 能控制电解过程的时间。 2. 能及时、正确地打开或闭合开关。
	证据意识与推理能力	1. 能认真观察并准确记录电解水的实验现象。 2. 能认真观察并准确记录氢氧燃料电池工作时的实验现象。 3. 能通过对实验现象的分析确定电极反应产物。 4. 能通过电解水实验，初步建构电解池认知模型。 5. 能通过制作氢氧燃料电池，初步建构原电池认知模型。
	反思评价与讨论交流	能对"异常"现象提出疑问和新的实验设想，并进一步实施探究。
化学实验态度与责任	安全意识与环保理念	具备安全用电意识，能安全地完成实验。
	科学态度与责任意识	1. 能积极主动地完成实验，严谨规范，沉稳认真。 2. 能认识电化学装置在实现物质转化、储存、高效利用能量中的关键作用。 3. 能以电池为例说明化学在解决能源危机中的重要作用。
	实验习惯	1. 能服从教师及实验员的指导与安排。 2. 完成实验后能正确清洗仪器，将废渣废液倒入指定容器内。 3. 能有序摆放实验用品，整理好实验台。

评价案例6　探究影响化学平衡移动的因素

以《普通高中教科书　化学　选择性必修1　化学反应原理》中"实验活动1探究影响化学平衡移动的因素"为参考，设计实验过程如下。

【实验目标】

1. 认识浓度、温度等因素对化学平衡的影响。

2. 进一步学习控制变量、对比等科学方法。

【实验用品】

小烧杯、大烧杯、量筒、试管、试管架、玻璃棒、胶头滴管、酒精灯、火柴、两个封装有 NO_2 和 N_2O_4 混合气体的圆底烧瓶。

铁粉、0.05 mol/L $FeCl_3$ 溶液、0.15 mol/L KSCN 溶液、0.1 mol/L $K_2Cr_2O_7$ 溶液、6 mol/L NaOH 溶液、6 mol/L H_2SO_4 溶液、0.5 mol/L $CuCl_2$ 溶液、热水、冰块、蒸馏水。

【实验步骤】

"实验活动 1 探究影响化学平衡移动的因素"实验过程

实验内容	实验步骤	实验记录及结论
浓度对化学平衡的影响	1. $FeCl_3$ 溶液与 KSCN 溶液的反应 （1）在小烧杯中加入 10 mL 蒸馏水，再滴入 5 滴 0.05 mol/L $FeCl_3$ 溶液、5 滴 0.15 mol/L KSCN 溶液，用玻璃棒搅拌，使其充分混合，将混合均匀的溶液平均注入 a、b、c 三支试管中。 （2）向试管 a 中滴入 5 滴 0.05 mol/L $FeCl_3$ 溶液，向试管 b 中滴入 5 滴 0.15 mol/L KSCN 溶液，与试管 c 进行对比，分别观察并记录实验现象。 （3）继续向上述两支试管中分别加入少量铁粉，观察并记录实验现象。	实验现象：a、b 试管中红色加深，加少量铁粉后，溶液红色均变浅。 反应的化学方程式： $FeCl_3 + 3KSCN \rightleftharpoons Fe(SCN)_3 + 3KCl$ $2FeCl_3 + Fe \rightleftharpoons 3FeCl_2$ 实验结论：在其他条件不变时，增大反应物的浓度，平衡向正反应方向移动；减小反应物的浓度，平衡向逆反应方向移动。
	2. 浓度对 $K_2Cr_2O_7$ 溶液中化学平衡的影响 取一支试管，加入 2 mL 0.1 mol/L $K_2Cr_2O_7$ 溶液。向试管中滴加 5～10 滴 6 mol/L NaOH 溶液，观察并记录实验现象。向试管中继续滴加 5～10 滴 6 mol/L H_2SO_4 溶液，观察并记录实验现象。	实验现象：滴加 NaOH 溶液，溶液变为黄色；滴加 H_2SO_4 溶液，溶液由黄色变为橙色。 $K_2Cr_2O_7$ 溶液中存在以下平衡： $Cr_2O_7^{2-}$（橙色）$+ H_2O \rightleftharpoons 2CrO_4^{2-}$（黄色）$+ 2H^+$。 实验结论：在其他条件不变时，减小生成物的浓度，平衡向正反应方向移动；增大生成物的浓度，平衡向逆反应方向移动。

实 验 内 容	实 验 步 骤	实验记录及结论
温度对化学平衡的影响	1. 温度对 $CuCl_2$ 溶液中化学平衡的影响 取两支试管，分别加 2 mL 0.5 mol/L $CuCl_2$ 溶液，将其中的一支试管先加热，然后置于冷水中，观察并记录实验现象，与另一支试管进行对比。	实验现象：加热时，溶液变为黄色；置于冷水中时，溶液由黄色变为蓝色。 在 $CuCl_2$ 溶液中存在以下衡： $[Cu(H_2O)_4]^{2+}$（蓝色）$+4Cl^- \rightleftharpoons$ $[CuCl_4]^{2-}$（黄色）$+4H_2O$ $\Delta H>0$ 实验结论：在其他条件不变时，升高温度，平衡向吸热反应方向移动；降低温度，平衡向放热反应方向移动。
	2. 温度对 NO_2 和 N_2O_4 混合气体中化学平衡的影响 取两个封装有 NO_2 和 N_2O_4 混合气体的圆底烧瓶（编号分别为①和②），将①置于热水中，将②置于冷水中，比较两个烧瓶里气体的颜色。将两个烧瓶互换位置，将②置于热水中，将①置于冷水中，稍等片刻，再比较两个烧瓶里气体的颜色。观察并记录实验现象。	实验现象：试管①置于热水中时，气体红棕色加深；置于冷水中后，气体颜色由深变浅。试管②置于冷水中时，气体红棕色变浅；置于热水中后，气体颜色由浅变深。 NO_2 与 N_2O_4 混合气体中存在以下平衡：$2NO_2$（红棕色）$\rightleftharpoons N_2O_4$（无色）$\Delta H<0$ 实验结论：在其他条件不变时，升高温度，平衡向吸热反应方向移动；降低温度，平衡向放热反应方向移动。

依据学生化学实验素养评价标准，对本实验活动中学生所表现出的实验素养进行评价，评价标准如下表所示。

"实验活动1 探究影响化学平衡移动的因素"学生实验素养评价

评 价 维 度	评 价 指 标	评 价 标 准
化学实验知识与基本技能	化学实验知识	1. 能正确写出以下可逆反应的化学方程式：$FeCl_3$ 溶液与 KSCN 溶液的反应，$K_2Cr_2O_7$ 溶液中的可逆反应，$CuCl_2$ 溶液中的可逆反应，NO_2 与 N_2O_4 混合气体中的可逆反应。 2. 能准确描述反应前后颜色的变化。
	实验用品的选择与使用	1. 能选用合适的仪器和试剂探究浓度对化学平衡的影响。 2. 能选用合适的仪器和试剂探究温度对化学平衡的影响。

评价维度	评价指标	评价标准
化学实验知识与基本技能	基本操作技能	1. 能规范使用胶头滴管滴加液体。 2. 能正确加热液体。 3. 能依据实验要求独立完成实验或在分组实验中与他人合作完成实验。
	实验安全技能	能妥善处理废液。
化学实验思维与方法	宏微结合与分类表征	1. 能通过条件改变时体系颜色的变化判断化学平衡移动的方向。 2. 能将宏观现象与微观原理相结合。
	逻辑思维与辩证分析	1. 能通过条件改变时化学平衡移动的方向，得出外界条件对化学平衡影响的一般规律。 2. 能用勒夏特列原理解释化学平衡移动的方向。
	理论建构与模型认知	能根据浓度和温度条件改变时体系颜色的变化归纳总结勒夏特列原理。
化学实验探究能力	提出问题与形成猜想假设	能预测条件改变时，化学平衡移动的方向及体系颜色的变化。
	实验设计与实施	1. 掌握变量控制和对比的方法与技能。 2. 能依据实验要求独立完成实验。
	实验条件控制	1. 能控制溶液的滴加量。 2. 能控制溶液的不同温度。
	证据意识与推理能力	能通过对实验现象的分析得出条件改变时化学平衡移动的方向。
	反思评价与讨论交流	1. 能与同学交流实验探究的成果，并用恰当的形式表达和展示实验方案、过程及成果。 2. 观察认真，记录详尽。 3. 能根据直观现象讨论得出外界条件改变时平衡移动的方向，尝试分析压强改变时平衡移动的方向。
化学实验态度与责任	安全意识与环保理念	1. 能安全地完成实验。 2. 能节约试剂，保护环境。
	科学态度与责任意识	1. 能积极主动地完成实验，操作严谨规范。 2. 能思考并交流实验误差产生的原因，敢于质疑。
	实验习惯	1. 能服从教师及实验员的指导与安排。 2. 完成实验后能正确清洗仪器，将废渣废液倒入指定容器内。 3. 能有序摆放实验用品，整理好实验台。

评价案例 7　强酸与强碱的中和滴定

以《普通高中教科书　化学　选择性必修 1　化学反应原理》中"实验活动 2　强酸与强碱的中和滴定"为参考，设计实验过程如下。

【实验目标】

1. 理解中和滴定的原理，探究酸碱中和反应过程中 pH 的变化特点。

2. 掌握中和滴定的实验操作方法。

3. 通过实验进一步掌握数据分析的方法，体会定量实验在化学研究中的作用。

【实验用品】

酸式滴定管、碱式滴定管、滴定管夹、锥形瓶、烧杯、铁架台。

0.1000 mol/L HCl 溶液、0.1000 mol/L 左右的 NaOH 溶液、酚酞溶液、蒸馏水等。

【实验步骤】

"实验活动 2　强酸与强碱的中和滴定"实验过程

实 验 内 容	实 验 步 骤	实验操作要领及结论
滴定管的使用方法	1. 了解滴定管的构造 了解酸式滴定管和碱式滴定管的构造。	酸式滴定管：下端有玻璃活塞。 碱式滴定管：下端连接放有玻璃球的乳胶管。
	2. 检查仪器 使用前，首先要检查酸式滴定管和碱式滴定管是否漏水。	检查酸式滴定管是否漏水：用水充满滴定管，置于滴定管架上静置，观察有无水滴下，然后将活塞旋转 180°，再观察有无水滴下。 检查碱式滴定管是否漏水：用水充满滴定管，置于滴定管架上静置，观察有无水滴下。
	3. 润洗仪器 在加入酸、碱之前，洁净的酸式滴定管和碱式滴定管要分别用所要盛装的酸、碱润洗 2～3 次。	润洗：从滴定管上口加入 3～5 mL 所要盛装的溶液，倾斜着转动滴定管，使液体润湿全部滴定管内壁。然后，一手控制活塞（轻轻转动酸式滴定管的活塞，或者轻轻挤压碱式滴定管的玻璃球），将液体从滴定管下部放入预置的烧杯中。

实 验 内 容	实验步骤	实验操作要领及结论
滴定管的 使用方法	4．加入反应液 　分别将酸、碱加到酸式滴定管、碱式滴定管中。	分别将酸、碱加到酸式滴定管和碱式滴定管中，使液面位于滴定管"0"刻度以上 2～3 mL 处，并将滴定管垂直固定在滴定管夹上。
	5．调节起始读数 　在滴定管下放一个烧杯，调节活塞，使滴定管尖嘴部分充满反应液。如果滴定管内部有气泡，应赶走气泡，并使液面位于"0"刻度，准确读数并记录。	酸式滴定管排气泡：快速放液，以赶出气泡。 碱式滴定管排气泡：把乳胶管向上弯曲，让玻璃尖嘴斜向上方，用两指挤压玻璃球，使溶液从出口管喷出，即可排出气泡。 读数精确至 0.01 mL。
	6．放出反应液 　根据实验需要，从滴定管中逐滴放出一定量的液体。	—
用已知浓度的强酸滴定未知浓度的强碱	（1）向润洗过的酸式滴定管中加入 0.1000 mol/L HCl 溶液，赶出气泡、调节液面至"0"刻度后准确记录读数。	读数时，滴定管必须保持垂直，视线与液面保持水平。 读数精确至 0.01 mL。
	（2）向润洗过的碱式滴定管中加入待测浓度的 NaOH 溶液，赶出气泡、调节液面至"0"刻度后，用碱式滴定管向锥形瓶中滴入 25.00 mL 待测液，再向其中滴加 2 滴酚酞溶液。	滴加 2 滴酚酞溶液后，溶液变为红色。
	（3）把锥形瓶放在酸式滴定管的下方，瓶下垫一张白纸，小心地滴入酸。边滴边摇动锥形瓶，直到到达滴定终点。记录滴定管液面的读数。	滴定时，左手控制活塞，右手摇动锥形瓶（应向同一方向旋转），眼睛注视锥形瓶中溶液的颜色变化。 滴定速度在前期可稍快，但不能滴成"水线"；接近终点时逐滴滴加，即一滴一摇；最后应半滴半滴地加入，将活塞轻微转动，使半滴悬于管口，用锥形瓶内壁将其沾落，再用蒸馏水冲洗内壁。 到达滴定终点时，溶液由粉红色刚好变为无色，且半分钟内不变色。
	（4）重复实验两次，并记录相关数据。	—

实验内容	实验步骤	实验操作要领及结论
用已知浓度的强酸滴定未知浓度的强碱	（5）计算待测 NaOH 溶液的物质的量浓度。	反应的化学方程式： $NaOH + HCl = NaCl + H_2O$ 根据酸碱中和反应计算： $c(NaOH) = \dfrac{c(HCl) \cdot V(HCl)}{V(NaOH)}$

依据学生化学实验素养评价标准，对本实验活动中学生所表现出的实验素养进行评价，评价标准如下表所示。

"实验活动 2　强酸与强碱的中和滴定"学生实验素养评价

评价维度	评价指标	评价标准
化学实验知识与基本技能	化学实验知识	1. 能正确写出酸碱中和反应的化学方程式。 2. 能正确计算待测 NaOH 溶液的浓度。
	实验用品的选择与使用	1. 能选用正确的滴定管盛装酸溶液或碱溶液。 2. 能选用正确的指示剂。
	基本操作技能	1. 能规范检查滴定管是否漏水。 2. 能正确挤压碱式滴定管的玻璃球使液体顺利滴下。 3. 能正确润洗滴定管、装液、排气泡。 4. 能正确量取一定体积的酸溶液或碱溶液。
	实验安全技能	1. 能安全地完成实验。 2. 能正确地处理废液。
化学实验思维与方法	宏微结合与分类表征	1. 能通过实验现象判断滴定终点。 2. 能根据 pH 滴定曲线初步建立宏观和微观相结合的思想。
	逻辑思维与辩证分析	1. 能通过 pH 的计算理解滴定曲线中的突变范围。 2. 能根据 pH 滴定曲线理解滴定终点的判断。
	理论建构与模型认知	能根据酸碱中和滴定实验建立沉淀滴定、氧化还原滴定等其他类型反应的滴定模型。
化学实验探究能力	提出问题与形成猜想假设	能预测不准确的操作可能导致所测溶液浓度的误差。
	实验设计与实施	1. 掌握酸碱中和滴定的一般方法和技能。 2. 能依据实验要求独立完成实验，进一步形成定量研究意识。
	实验条件控制	1. 能准确控制半滴标准液的滴加。 2. 能观察并准确判断滴定终点。

评价维度	评价指标	评价标准
化学实验探究能力	证据意识与推理能力	能通过对滴定原理的理解判断滴定终点，会选择其他滴定实验的指示剂。
	反思评价与讨论交流	1. 能与同学交流实验探究的成果，并用恰当的形式表达和展示实验方案、过程及成果。 2. 能针对不同溶液正确选择酸式或碱式滴定管盛装。 3. 会正确选择其他酸碱滴定时的指示剂。
化学实验态度与责任	安全意识与环保理念	1. 能安全地完成实验。 2. 能节约试剂、保护环境。
	科学态度与责任意识	1. 能积极主动地完成实验，操作严谨规范。 2. 能思考并交流选择不同指示剂时的实验现象，敢于质疑。
	实验习惯	1. 能服从教师及实验员的指导与安排。 2. 完成实验后能正确清洗仪器，将废渣废液倒入指定容器内。 3. 能有序摆放实验用品，整理好实验台。

评价案例 8　乙酸乙酯的制备与性质

以《普通高中教科书　化学　选择性必修 3　有机化学基础》中"实验活动 1 乙酸乙酯的制备与性质"为参考，设计实验过程如下。

【实验目标】

1. 学会制备乙酸乙酯的方法，加深对酯化反应的认识。

2. 认识乙酸乙酯的物理性质，加深对酯的水解反应的认识。

3. 体验实验过程中相关变量的控制，发展运用变量控制方法的实验探究素养。

【实验用品】

试管、试管夹、烧杯、量筒、胶头滴管、玻璃导管、乳胶管、橡胶塞、铁架台、水浴锅、酒精灯、火柴、秒表、碎瓷片。

乙醇、乙酸、浓硫酸、饱和 Na_2CO_3 溶液、乙酸乙酯、蒸馏水、3 mol/L H_2SO_4 溶液、6 mol/L NaOH 溶液等。

【实验步骤】

"实验活动 1　乙酸乙酯的制备与性质"实验过程

实验内容	实验步骤	实验记录及结论
乙酸乙酯的制备	（1）在一支试管中加入 2 mL 乙醇，然后边振荡试管边慢慢依次加入 0.5 mL 浓硫酸和 2 mL 乙酸。待混合液稍冷后，加入几片碎瓷片。在另一支试管中加入 3 mL 饱和 Na_2CO_3 溶液。画出装置连接图。	①乙酸乙酯制备的原理：$$CH_3COOH + CH_3CH_2OH \xrightarrow[\triangle]{浓硫酸} CH_3COOCH_2CH_3 + H_2O$$ ②乙酸乙酯制备的装置图如下。 饱和Na_2CO_3溶液
	（2）用小火加热试管里的混合物，将产生的蒸气经导管通到饱和 Na_2CO_3 溶液的上方约 0.5 cm 处，注意观察试管内的变化。反应一段时间后，取下盛有饱和 Na_2CO_3 溶液的试管，并停止加热。思考：①为什么不能将导管插入液面以下？②加热时需要重点注意什么？	①导管插入液面以下容易发生倒吸。②加热时需要重点注意控制反应温度。温度过高时，容易发生副反应使乙酸乙酯的产率降低。
	（3）振荡盛有饱和 Na_2CO_3 溶液的试管，静置。待溶液分层后观察上层的油状液体，并注意闻气味。	实验现象：液体分层，上层为无色油状液体，有香味。
乙酸乙酯的水解	（1）在 A、B、C 三支试管里各加入 6 滴乙酸乙酯。向 A 试管里加入蒸馏水；向 B 试管里加入 0.5 mL 3 mol/L H_2SO_4 溶液和 5.0 mL 蒸馏水；向 C 试管里加入 0.5 mL 6 mol/L NaOH 溶液和 5.0 mL 蒸馏水。思考：向 A 试管里加入蒸馏水的体积应为多少？为什么？	向 A 试管里加入 5.5 mL 蒸馏水。根据控制变量的要求，应控制混合溶液的总体积一致，以形成正确的结论。

续表

实验内容	实验步骤	实验记录及结论
乙酸乙酯的水解	（2）振荡均匀后，把三支试管都放入70～80 ℃的水浴里加热。比较试管里酯层和酯香味消失得快慢，并分析原因。写出反应的化学方程式。	实验现象：试管 A 中液体分层，酯层和酯香味无明显变化；试管 B 中酯层和酯香味消失慢；试管 C 中酯层和酯香味消失快。 原因分析：酯层和酯香味消失的速度可以反映酯的水解速率。在酸性条件下，乙酸乙酯的水解是可逆反应，酯层和酯香味消失得慢。在碱性条件下，乙酸乙酯水解生成乙酸盐和乙醇，水解反应是不可逆的，故酯层和酯香味消失得快。 反应的化学方程式： $CH_3COOCH_2CH_3 + H_2O \xrightarrow[\triangle]{H^+} CH_3COOH + CH_3CH_2OH$ $CH_3COOCH_2CH_3 + NaOH \xrightarrow{\triangle} CH_3COONa + CH_3CH_2OH$

依据学生化学实验素养评价标准，对本实验活动中学生所表现出的实验素养进行评价，评价标准如下表所示。

"实验活动 1　乙酸乙酯的制备与性质"学生实验素养评价

评价维度	评价指标	评价标准
化学实验知识与基本技能	化学实验知识	1. 能正确写出以下反应的化学方程式：乙醇与乙酸制备乙酸乙酯、乙酸乙酯在酸性条件下水解、乙酸乙酯在碱性条件下水解。 2. 知道加热液体时加入碎瓷片的作用。
	实验用品的选择与使用	1. 能根据所要盛装的溶液体积选用合适规格的试管。 2. 能根据装置图连接装置。
	基本操作技能	1. 能正确配制乙醇、乙酸、浓硫酸混合液。 2. 能正确加热试管中的液体。 3. 能正确振荡试管。
	实验安全技能	1. 能正确使用浓硫酸等试剂。 2. 能防止液体暴沸、倒吸。

评价维度	评价指标	评价标准
化学实验思维与方法	宏微结合与分类表征	1. 能根据有机物分子中的官能团对有机物进行分类。 2. 能从化学键断裂与形成的视角探析乙酸乙酯制备与水解的原理，并初步认识酯基官能团与酯类物质性质的关系。
	逻辑思维与辩证分析	1. 能以酯的水解与反应条件的关系为例，进一步认识可逆反应、平衡移动原理。 2. 能利用有机物性质的认知模型分析、预测乙酸乙酯的化学性质。
	理论建构与模型认知	1. 能形成有机物"结构决定性质，性质决定用途"的基本观念。 2. 能建构有机物性质的认知模型。
化学实验探究能力	提出问题与形成猜想假设	能对乙酸乙酯的制备与水解反应的原理和现象提出合理的猜想与假设。
	实验设计与实施	1. 能依据预测的酯的性质设计并实施实验验证。 2. 能在实验过程中控制相关变量，具备运用变量控制法的实验探究素养。
	实验条件控制	1. 能在使用酒精灯加热时控制反应温度。 2. 能控制导管口的位置，将产生的蒸气经导管通到饱和 Na_2CO_3 溶液的上方约 0.5 cm 处，防止倒吸。 3. 能根据控制变量的要求加入准确体积的液体。 4. 能用水浴加热的方法控制反应温度。
	证据意识与推理能力	1. 能认真观察、准确记录振荡盛有饱和 Na_2CO_3 溶液的试管并静置后的实验现象。 2. 能认真观察并准确记录把三支试管都放入 70～80 ℃ 的水浴里加热后的实验现象，并作对比。 3. 能通过对实验现象的分析，正确比较在不同条件下酯的水解速率的快慢，进而探究出酯的水解与反应条件的关系。
	反思评价与讨论交流	1. 能对实验结果进行对比反思，说明实验证据和结论之间的关系。 2. 能对"异常"现象提出疑问和新的实验设想，并进一步实施探究。

评价维度	评价指标	评价标准
化学实验态度与责任	安全意识与环保理念	1. 使用浓硫酸等试剂时能注意安全，热蒸汽逸出时知道要防烫伤，能安全地完成实验。 2. 能节约试剂、保护环境。
	科学态度与责任意识	1. 能积极主动地完成实验，严谨规范，沉稳认真。 2. 能讨论交流实验过程中发现的问题，敢于质疑。 3. 知道并赞赏有机合成在创造新物质过程中的关键作用和重要贡献。
	实验习惯	1. 能服从教师及实验员的指导与安排。 2. 完成实验后能正确清洗仪器，将废渣废液倒入指定容器内。 3. 能有序摆放实验用品，整理好实验台。

第 五 章

化学实验教学装备与技术

一、 化学实验教学装备配置方案

化学实验室应能满足化学课程教学需要，为演示实验、学生实验、科学实践活动及开放式探究实验提供场地和条件。它包含实验室、仪器室、准备室、药品室和实验教师办公室等，各室功能与配置如表 5-1 所示。

表 5-1　化学实验室功能与配置

名　　称	主要功能	配置要点	备　　注
实验室	能够满足实验教学要求，方便学生熟悉并接触有关实验仪器设备，学习掌握基本实验技能	水、电到桌，排风设备到桌或到室，可配音视频设备、网络信息端口等	其中至少 1 间应设置强制排风式通风橱
仪器室	存放实验仪器、设备	设置通风、防火、防盗等设施设备	与所属实验室相邻
准备室	进行实验的准备和简单的仪器维修	水、电到桌，配备网络信息口、通风橱	与所属实验室、仪器室相邻
药品室	存放实验药品	设置排风、供排水、防火、防腐、防盗等设施设备	宜在背阳处，单设

续表

名　　称	主 要 功 能	配 置 要 点	备　　注
危险药品室	存放实验所用的危险药品等	宜设置在实验楼外安全处，配备危险药品柜，设置通风、供排水、防火、防腐、防盗等必需的设施设备	宜在背阳处，单设
实验教师办公室	实验教师办公、学习等	配备办公设备、管理用计算机、网络信息口等	单设，条件不足时可与仪器室合并使用，但不应与药品室、准备室合用
废液室	暂时存储危险废液	设置通风、防火、防盗等设施设备	根据废液产量确定面积

1. 实验教学设备配置方案

实验教学设备配置方案如表 5-2 所示。

表 5-2　实验教学设备配置方案

序号	名　　称	规格、功能、要求	单位	数量	备　　注
1	书写板	低尘、环保	块	1	
2	演示台	台面耐酸碱、阻燃、耐污染，配电源插座、水槽及水嘴，可放置多媒体设备	张	1	
3	计算机	台式计算机	台	1～2	教学及办公使用
		便携式计算机	台	1～13	配套数据采集器、传感器使用
4	交互式多媒体设备	1. 液晶投影仪＋银幕； 2. 液晶投影仪＋电子白板； 3. 触控一体机	套	1	以上配置方案三选一
5	数字化探究实验系统	传感器、数据采集器、分析软件和配套仪器等	套	适量	按需配置
6	学生实验桌	桌面耐酸碱、耐高温、阻燃（双人桌）	张	25	
7	学生实验椅	高度可调节	把	50	
8	网络接入设备		台	1	
9	电源系统	配电到桌	套	1	

序号	名　称	规格、功能、要求	单位	数量	备　注
10	排风系统		套	1	
11	供排水系统		套	1	
12	照明系统		套	1	
13	水嘴、水槽	鹅颈管水嘴和防堵、防臭水槽	套	适量	数量按需配置
14	通风橱	强制排风式通风橱，用于有毒气体的实验	个	2	实验室、准备室各1个
15	陈列柜	搁板位置可调节	个	适量	数量按需配置
16	仪器柜	搁板位置可调节	个	适量	数量按需配置
17	危险化学品柜	防爆、防盗、阻燃、耐腐蚀，带双锁，定时自动通风	个	8	易制爆、易制毒药品分类存放，钢结构防爆柜4个，PP危化品柜4个
18	药品柜	橱顶有抽排气设备，定时自动抽风	个	适量	具体规格和数量可根据室内布局调整
19	实验准备台	台面耐酸碱、耐高温、阻燃、耐污染	张	1	配电源插座
20	维修工作台	台面防腐、抗冲击力	张	1	配电源插座
21	实验及维修工具	包括：一字螺丝刀、十字螺丝刀、钢丝钳、钢锤、三角锉、剪刀、打孔器（含夹板和刮刀）、电动钻孔器等	套	适量	用于实验材料的加工、仪器维修、自制教具等，数量按需配置
22	收纳整理用具	仪器车、托盘、提篮等	套	适量	用于仪器、试剂的收纳整理，数量按需配置
23	办公桌椅		套	1	
24	文件柜		个	适量	数量按需配置
25	冰箱		台	1	
26	空调		台	适量	根据房间面积及数量按需配置
27	湿度控制设备		台	1	
28	空气净化器		台	1	
29	消防设备	灭火器、灭火毯（玻璃纤维材质）等	套	适量	定期更新，数量按需配置

续表

序号	名　称	规格、功能、要求	单位	数量	备　注
30	安全防护用品	实验服、护目镜、防护面罩、防毒口罩、耐酸手套、乳胶手套等	套	适量	数量按需配置
31	急救箱	箱内至少包括：医用酒精、饱和碳酸氢钠溶液、饱和硼酸溶液、创可贴、灭菌结晶磺胺、碘伏胶布、医用纱布、药棉、手术剪、镊子、止血带、烫伤膏、甘油等	个	1	定期更新
32	废水处理装置	能进行 pH 测试、酸碱废液中和、重金属凝聚和过滤，能处理中学常见无机化学废液，同时可以通过仪器内的活性炭吸附少量混入的有机物	套	1	应配置适量的凝聚剂、助凝剂、活性炭包
33	废液（物）回收桶	塑料制	套	1	
34	湿度计		套	1	
35	洗眼器		个	1	

2. 实验教学器材配置方案（必配）

实验教学器材配置方案（必配）如表 5-3 所示。

表 5-3　教学器材配置方案（必配）

序号	名　称	规格、功能、要求	单位	数量	备　注
1	电加热器	密封式	台	1	GB 4706.22
2	电动离心机	0～3000 r/min，10 mL×6	台	1	YY/T 0657—2008
3	磁力加热搅拌器		台	1	
4	烘干箱		台	1	
5	学生电源	交流（2 V～16 V/3 A，每 2 V 一挡）；直流稳压（2 V～16 V/2 A，每 2 V 一挡）	台	2	JY/T 0361，若教师实验桌有配套电源则不用重复配
6	教学电源	交流（2 V～24 V，每 2 V 一挡；2 V～6 V/12 A，8 V～12 V/6 A，14 V～24 V/3 A）；直流稳压（1 V～25 V 分挡连续可调，2 V～6 V/6 A，8 V～12 V/4 A，14 V～24 V/2 A；40 A、8 s 自动关断）	台	25	JY/T 0361，若学生实验桌有配套电源则不用重复配

序号	名 称	规格、功能、要求	单位	数量	备 注
7	托盘天平	100 g, 0.1 g	台	25	QB/T 2087—2016
		500 g, 0.5 g	台	1	
8	电子天平	100 g, 0.1 g	台	25	JB/T 5374—1991
		200 g, 0.001 g	台	1	
		400 g, 0.1 g	台	1	
9	温度计	红液温度计，0～100 ℃	支	30	JJG 130—2004
		水银温度计，0～360 ℃	支	5	
10	数字测温计	−30～200 ℃	台	1	JJG 855—2004
11	电子停表	0.1 s	只	1	QB/T 1908—1993
12	多用电表	指针式	个	1	JB/T 9283—1999
13	演示电流电压表	2.5 级	台	1	
14	pH 计	笔式，分辨率 0.1，测量范围 0～14	台	1	GB/T 11165—2005
15	密度计	密度＞1 g/cm³	支	1	GB/T 17764—2008
		密度＜1 g/cm³	支	1	
16	铁架台	方形座，含铁夹、复夹、铁圈	套	25～50	JY/T 0393—2007
17	万能夹		个	5	
18	泥三角		个	25	
19	三脚架		个	25～50	
20	试管架		个	25～50	
21	漏斗架		个	1	
22	滴定台		个	25～50	
23	滴定夹		个	25～50	
24	滴管架	多用	个	25～50	
25	移液管架		个	25	
26	比色管架	6 孔	个	25	
27	量筒	10 mL	个	25～50	GB/T 12804—2011
		25 mL	个	25～50	
		50 mL	个	25～50	
		100 mL	个	2	
		500 mL	个	2	
		1000 mL	个	2	

续表

序号	名　称	规格、功能、要求	单位	数量	备　注
28	量杯	250 mL	个	2	
29	容量瓶	50 mL	个	2	GB/T 12806—2011
		100 mL	个	25～50	
		250 mL	个	5	
		500 mL	个	25	
		1000 mL	个	2	
30	滴定管	酸式，25 mL、50 mL	支	25～50	GB/T 12805—2011
		碱式，25 mL、50 mL	支	25～50	
31	移液管	25 mL	支	25	
32	试管	Φ 12 mm×70 mm	支	250～500	QB/T 2561—2002
		Φ 15 mm×150 mm	支	250～500	
		Φ 18 mm×180 mm	支	75～150	
		Φ 20 mm×200 mm	支	75～150	
		Φ 32 mm×200 mm	支	30	
		Φ 40 mm×200 mm	支	30	
33	具支试管	Φ 18 mm×180 mm	支	25	
		Φ 20 mm×200 mm	支	25	
34	硬质玻璃管	Φ 15 mm×150 mm	支	30	
		Φ 20 mm×250 mm	支	10	
35	燃烧管	Φ 25 mm×300 mm	支	2	
36	Y形试管	Φ 20 mm	支	3	
37	烧杯	5 mL	个	25～50	GB/T 15724—2008
		10 mL	个	25～50	
		25 mL	个	50～100	
		50 mL	个	25～50	
		100 mL	个	50～100	
		250 mL	个	50～100	
		500 mL	个	25	
		1000 mL	个	5	
38	烧瓶	圆底长颈，250 mL	个	25～50	GB/T 15725.6
		圆底短颈，250 mL	个	25	
		圆底长颈，500 mL	个	25～50	
		平底长颈，250 mL	个	5	

序号	名　称	规格、功能、要求	单位	数量	备　注
39	锥形瓶	100 mL	个	25～50	
		250 mL	个	20	
40	蒸馏烧瓶	250 mL	个	25～50	
41	三口烧瓶	250 mL	个	5	GB/T 15725.4
42	集气瓶	125 mL	个	75～150	
		250 mL	个	25	
		500 mL	个	5	
		液封除毒气，250 mL	个	5	
43	广口瓶	60 mL	个	350～600	
		125 mL	个	50～80	
		250 mL	个	50	
		500 mL	个	10	
		棕色，60 mL	个	50～100	
		棕色，125 mL	个	20	
		棕色，250 mL	个	20	
44	细口瓶	60 mL	个	50	
		125 mL	个	350～600	
		250 mL	个	50～80	
		500 mL	个	25	
		1000 mL	个	25	
		3000 mL	个	2	
		棕色，60 mL	个	50～100	
		棕色，125 mL	个	50～100	
		棕色，250 mL	个	25	
		棕色，500 mL	个	2	
		棕色，1000 mL	个	2	
		棕色，3000 mL	个	1	
45	滴瓶	30 mL	个	50～100	
		60 mL	个	300～500	
		棕色，30 mL	个	25～50	
		棕色，60 mL	个	50～80	

序号	名　称	规格、功能、要求	单位	数量	备　注
46	下口瓶	5000 mL，单头	个	2	
47	酒精灯	150 mL	个	25～50	
		250 mL，单头、双头每种1个	个	2	
48	漏斗	60 mm	个	25～50	
		90 mm	个	5	
		长颈，直形	个	5	
		长颈，双球	个	5	
		分液，100 mL，锥形	个	13～25	QB/T 2110—1995
		分液，50 mL，球形	个	13～25	
49	干燥器	160 mm	个	4	GB/T 15723—1995
50	启普发生器	250 mL	个	4	
51	冷凝器	直形，300 mm	支	13～25	QB/T 2109—1995
		球形，300 mm	支	1	
52	连接管	T形	个	25	JY/T 0427—2011
		Y形	个	25	
53	抽滤瓶	500 mL	个	2	
54	离心管	10 mL	支	10	
55	牛角管	弯形，Φ 18 mm×150 mm	支	2～25	
56	干燥管	直形，单球，150 mm	支	25～50	
		U形，Φ 15 mm×150 mm	支	25～50	
		U形，具支，Φ 15 mm×150 mm	支	3	
		U形，Φ 20 mm×200 mm	支	3	
57	干燥塔	250 mL	个	2	
58	抽气管		个	2	
59	气体洗瓶	250mL	个	2	
60	比色管	25 mL	支	100	
61	活塞	直形	个	5	
		T形	个	2	
62	圆水槽	Φ 200 mm ×100 mm	个	5	JY/T 0443—2011
		Φ 270 mm ×140 mm	个	4	

序号	名称	规格、功能、要求	单位	数量	备注
63	坩埚	瓷制，30 mL	个	25～50	
64	坩埚钳	不锈钢制，200 mm	个	25～50	
65	试管夹		个	25～50	
66	烧杯夹		个	4	
67	止水皮管夹		个	25～50	
68	螺旋皮管夹		个	5	
69	镊子		个	25～50	YY/T 0596—2006
70	陶土网		个	25～50	
71	燃烧匙		个	25～50	
72	药匙		个	100	
73	玻璃管	Φ 5～6 mm	kg	5	
		Φ 7～8 mm	kg	5	
74	玻璃棒	Φ 5～6 mm，Φ 3～4 mm	kg	5	
75	钴玻璃片		片	25～50	
76	玻璃钟罩	Φ 150 mm×280 mm	个	2	
77	蒸发皿	60 mm	个	25～50	QB/T 1992—2014
		100 mm	个	5	
78	结晶皿	80 mm	个	2	
79	表面皿	60 mm	个	25～50	
		100 mm	个	4	
80	研钵	60 mm	个	25～50	
		90 mm	个	2	
81	点滴板	6 孔	个	25～50	
82	井穴板	9 孔，每孔 0.7 mL	个	25～50	
		6 孔，每孔 5 mL，配 6 个双导气管的井穴塞	个	25～50	
83	多用滴管	塑料制，4 mL	支	300～1000	
84	洗瓶	塑料制，250 mL	个	25～50	
85	水槽	塑料制，250 mm×180 mm×100 mm	个	25～50	JY 53—80
86	碘升华凝华管	密封式	个	25～50	
87	软胶塞	0～12 号	kg	10	

序号	名　　称	规格、功能、要求	单位	数量	备　　注
88	橡胶管		kg	4	
89	乳胶管		m	50	
90	试管刷		个	25～50	
91	烧瓶刷		个	13～25	
92	滴定管刷		个	13～25	
93	洗耳球	橡胶材质，60 mL	个	13～25	
94	二连球		个	2	
95	布氏漏斗	瓷制，80 mm	个	2	
96	保温漏斗	铜制	个	2	
97	酒精喷灯	铜制，座式	个	4	
98	注射器	塑料制，50mL	支	25	GB 15810
99	贮气装置	2 L	台	2	
100	白金丝	Φ 0.5 mm×50 mm	支	2	
101	水浴锅	铜制	个	1	
102	气体实验微型装置	反应容器一般不超过 30 mL	套	25	
103	中和热测定仪		套	25	
104	原电池实验器		个	25	
105	氢燃料电池实验器	一个质子交换膜电极，膜电极不小于 15 mm×15 mm，带电流表、电压表	套	13	
106	氢燃料电池演示器	两个质子交换膜电极，膜电极不小于 33 mm×33 mm	套	1	
107	二氧化氮球	双球	套	25	
108	溶液导电演示器		台	1	
109	微型溶液导电实验器	金属电极，笔式，所需溶液不超过 3 mL	套	25	
110	电解槽演示器	离子交换膜	台	1	
111	离子交换柱	含玻璃纤维和离子交换树脂	支	25	
112	电泳演示器		台	1	

序号	名 称	规格、功能、要求	单位	数量	备 注
113	放电反应实验仪	通电 2 min 之内即有氮气与氧气反应的现象，消耗功率不大于 30 W	套	1～13	
114	光化学实验演示器	能演示甲烷与氯气的反应	台	1	
115	教师用分子结构模型	氢原子球直径不小于 23 mm，其他原子球直径不小于 30 mm	套	3	
116	学生用分子结构模型		套	25	
117	炼铁高炉模型		个	1	
118	气体摩尔体积模型		个	1	
119	沸腾焙烧炉模型		个	1	JY/T 0302
120	硫酸接触室模型		个	1	JY/T 0303
121	氨合成塔模型		个	1	JY/T 0304
122	炼钢转炉模型		个	1	JY/T 0306
123	金刚石结构模型	球直径不小于 30 mm	套	1	
124	石墨结构模型	球直径不小于 30 mm	套	1	
125	碳-60 结构模型	球直径不小于 30 mm	套	1	
126	氯化钠晶体结构模型	球直径不小于 30 mm	套	1	
127	氯化铯晶体结构模型	球直径不小于 30 mm	套	1	
128	二氧化碳晶体结构模型	球直径不小于 25 mm	套	1	
129	二氧化硅晶体结构模型	球直径不小于 25 mm	套	1	
130	金属晶体结构模型	球直径不小于 30 mm	套	1	
131	电子云杂化轨道模型	S、SP、SP^2、SP^3、px、py、pz	套	1	
132	金属矿物、金属及合金标本	各类不少于 5 种	盒	1	

续表

序号	名　　称	规格、功能、要求	单位	数量	备　　注
133	原油常见馏分标本	不少于 8 种	盒	1	
134	合成有机高分子材料标本	不少于 10 种	盒	1	
135	新型无机非金属材料标本	氧化铝陶瓷、氮化硅陶瓷、光导纤维等	盒	1	
136	元素周期表	有外围电子层排布	幅	1	
137	分子立体结构模型绘制软件		套	1	
138	铝片		g	250	
139	铝条		g	250	
140	铝箔		g	50	
141	铝粉	工业	g	100	
142	锌粒		g	100	
		工业	g	1000	
143	锌粉		g	100	
144	铁粉		g	500	
145	铁片		g	500	
146	铁丝		g	500	
147	铜片		g	1000	
148	铜丝		g	1000	
149	镁条		g	500	
150	硫粉		g	250	
151	碘		g	25	
152	活性炭		g	500	
153	氧化铜		g	100	
154	硫化钠		g	100	
155	钾		g	25	
156	钠		g	100	
157	三氧化二铁		g	100	
158	高锰酸钾		g	500	

序号	名　　称	规格、功能、要求	单位	数量	备　注
159	二氧化锰		g	2000	
160	过氧化氢	30%	mL	500	
161	过氧化钠		g	1000	
162	氯酸钾		g	500	
163	氨水		mL	1000	
164	氢氧化钙（熟石灰）		g	1000	
165	氧化钙（生石灰）		g	500	
166	碱石灰		g	500	
167	大理石	块状	g	2000	
168	碳酸氢铵	化肥	g	500	
169	盐酸		mL	10000	
		工业	mL	10000	
170	硫酸		mL	3000	
		工业	mL	3000	
171	硝酸		mL	1000	
172	乙酸	36%	mL	2000	
		100%	mL	500	
173	乙醇（酒精）	95%	kg	50	
174	硫酸铜（蓝矾、胆矾）		g	2000	
175	无水硫酸铜		g	500	
176	硫酸钠		g	250	
177	硫酸钾		g	250	
178	硫酸铝		g	500	
179	硫酸铵		g	100	
180	硫酸铝钾（明矾）	工业	g	1000	
181	硫酸铁		g	250	
182	硫酸锰		g	250	
183	硫酸锌		g	500	
184	硫化亚铁		g	500	
185	无水亚硫酸钠		g	1000	
186	硫酸亚铁		g	1000	

续表

序号	名　　称	规格、功能、要求	单位	数量	备　注
187	硫酸亚铁铵		g	500	
188	氯化钠	工业	g	3000	
			g	2000	
189	氯化钾		g	3000	
190	氯化铵		g	1500	
191	氯化铝		g	100	
192	无水氯化钙	工业	g	1000	
193	氯化铁		g	500	
194	氯化镁		g	50	
195	氯化钡		g	100	
196	氯化亚铁		g	50	
197	溴化钠		g	250	
198	溴化钾		g	50	
199	溴化铜		g	50	
200	碘化铅		g	100	
201	碘化钾		g	250	
202	氢氧化钠		g	3000	
		工业	g	4000	
203	氢氧化钡		g	250	
204	氢氧化钾		g	1500	
205	碳酸钠	工业	g	2500	
206	碳酸氢钠	工业	g	2000	
207	碳酸氢铵	工业	g	500	
208	硅酸钠		mL	100	
209	硝酸银		g	100	
210	硝酸钾		g	100	
211	乙酸钠		g	500	
212	乙酸铅		g	50	
213	硫氰酸钾		g	250	
214	铁氰化钾		g	250	
215	硫代硫酸钠		g	250	
216	硼酸		g	500	

序号	名　称	规格、功能、要求	单位	数量	备　注
217	草酸		g	100	
218	亚硝酸钠		g	50	
219	重铬酸钾		g	100	
220	丙三醇		g	250	
221	可溶性淀粉		g	250	
222	石蜡		g	500	
223	石蜡油		mL	500	
224	苯甲酸		g	500	
225	硬脂酸		g	250	
226	硬脂酸丁酯		g	250	
227	丙酮		mL	1000	
228	乙醛		mL	500	
229	苯		mL	100	
230	甲苯		mL	100	
231	无水乙醇		mL	2000	
232	乙酸乙酯		mL	1000	
233	四氯化碳		mL	1500	
234	溴乙烷		mL	100	
235	苯酚		g	250	
236	溴		mL	100	
237	苯酚钠		g	500	
238	甲醛		mL	250	
239	碳化钙		g	500	
240	原油		mL	1000	
241	汽油		mL	500	
242	植物油	食用级	mL	500	
243	蔗糖		g	500	
244	葡萄糖		g	250	
245	品红	染料	g	5	
246	酚酞	指示剂	g	5	
247	石蕊	指示剂	g	10	

续表

序号	名　　称	规格、功能、要求	单位	数量	备　　注
248	甲基橙	指示剂	g	5	
249	滤纸	快速	盒	25	
250	pH 试纸	1～14	本	25	
251	蓝石蕊试纸	10 mm×75 mm	本	25	
252	红石蕊试纸	10 mm×75 mm	本	25	
253	淀粉碘化钾试纸	10 mm×75 mm	本	25	
254	亚甲基蓝	染料	g	5	
255	高中化学实验材料	小刀、棉花、木炭、火柴、蜡烛、剪刀、焊锡、炭棒、导线、电灯泡、木板、电池、电珠、砂纸等	份	25	
256	电极材料	石墨、铜、锌、镁、铁、锡等电极	套	25	

说明:

以上内容的编制以教育部颁布的《普通高中化学教学装备配置标准(征求意见稿)》《中小学理科实验室装备规范》《普通高中化学课程标准(2017 年版 2020 年修订)》为基本依据,以现行普通高中化学教科书为基本参照,着力发展学生的核心素养,加强实验性、实践性、综合性教学活动,落实立德树人根本任务。实施过程中,结合校情、学情和教情实际情况,与现行的学校建设标准、各地办学条件标准及教育部颁布的相关标准、规范和文件相协调配置。

配置数量按照规模中等学校(每年级 4 个平行班、每班 50 人)及学生必做实验以 2 人一组的标准计算,如果每年级平行班和学生数较多(或较少),根据教学活动实际需要,适当增加(或减少)配置数量。鉴于器材损耗损坏等因素,仪器配置数量可适当富余。低值易耗品可适当提高配置数量并及时补充。

二、　常用仪器的使用方法及注意事项

化学实验中使用到的仪器称为化学仪器,主要分为计量仪器和反应仪器。为了实现实验目的,通常将化学仪器以特定方式进行组合。高中阶段常根据用途将化学仪器分为热源类、加热类、分离类、计量类、干燥类、盛放类、固定类、收集类和其他类仪器。常用仪器的使用方法及注意事项如表 5-4 所示。

表 5-4　常用仪器的使用方法及注意事项

仪器类别	仪器名称及图片	主 要 用 途	使用方法和注意事项
热源类	酒精灯	1. 作为热源灯具。 2. 进行焰色试验。 3. 加工玻璃仪器。	1. 酒精灯的灯芯须平整，如已烧焦或不平整，可用剪刀修整；酒精灯的加热温度为 400～500 ℃，若要提高温度可加金属网罩。 2. 添加酒精时，酒精量不超过酒精灯容积的 $\frac{2}{3}$，不少于 $\frac{1}{4}$。 3. 绝对禁止向燃着的酒精灯里添加酒精，以免失火。 4. 绝对禁止用一盏酒精灯引燃另一盏酒精灯。 5. 用完酒精灯必须用灯帽盖灭，不能用嘴吹灭，以防火焰进入灯内引发爆炸。 6. 不要碰倒酒精灯，若洒出的酒精在桌上燃烧起来，应立即用湿布或沙子盖灭。
	酒精喷灯	1. 提供强热，火焰温度可达 1000 ℃左右。 2. 加工玻璃仪器。	1. 喷灯工作时，环境温度一般应在 35 ℃ 以下，灯座下绝不能有任何热源，周围不能有易燃物。 2. 当罐内酒精体积在 20 mL 左右时应停止使用，如需继续工作，应先将喷灯熄灭后再增添酒精。不能在喷灯燃着时向罐内加注酒精，以免引燃罐内的酒精蒸气。 3. 使用喷灯时如发现罐底凸起，应立即停止使用，检查喷口有无堵塞、酒精有无溢出等，待查明原因、排除故障后再使用。 4. 每次连续使用的时间不能过长。如发现灯身温度升高或罐内酒精沸腾（有气泡破裂声），应立即停用，避免罐内压强增大导致罐身崩裂。

仪器类别	仪器名称及图片	主 要 用 途	使用方法和注意事项
可直接加热类	试管 具支试管	1. 盛取液体或固体试剂。 2. 加热少量固体或液体。 3. 制取少量气体。 4. 收集少量气体。 5. 溶解少量气体、液体或固体。	1. 使用试管时，应根据试剂不同用量选用大小合适的试管。 2. 徒手使用试管应用拇指、食指、中指握持试管上沿处，振荡时腕动臂不动。 3. 盛装粉末状试剂，须用药匙（或纸槽）将粉末送入管底；盛装粒状固体时，应将试管倾斜，使粒状物沿试管壁慢慢滑入管底。 4. 加热时应擦干试管外部水分，使用试管夹夹持试管，夹持位置在距管口 $\frac{1}{3}$ 处，加热前须预热，加热后注意避免骤冷，以防止炸裂。 5. 加热液体试剂时，液体体积不应超过容积的 $\frac{1}{3}$，试管与桌面成 45°角，管口不要对着人；若要保持沸腾状，可加热液面附近的部位。 6. 加热固体试剂时，管底应略高于管口，防止冷凝水倒流使试管炸裂；加热完毕，应继续将其固定或放在陶土网上，让其自然冷却。
	蒸发皿	蒸发溶剂、浓缩溶液和物质的结晶。	1. 蒸发时，液体的体积不能超过容积的 $\frac{2}{3}$；须用玻璃棒不断搅拌，防止液体局部受热导致液滴四处飞溅。 2. 加热时，应先用小火预热，再用大火加强热，待大量固体析出后熄灭酒精灯，用余热蒸干剩下的水分。 3. 加热完成后，应用坩埚钳移动蒸发皿，将其放在陶土网上，防止烫坏实验台。注意不能骤冷，防止炸裂。 4. 常用的蒸发皿为瓷制，也有用玻璃、石英、铂等制成的。材质不同，蒸发皿的耐腐蚀性能不同，应根据溶液和固体的性质合理选用。

仪器类别	仪器名称及图片	主 要 用 途	使用方法和注意事项
可直接加热类	坩埚	灼烧固体物质。	1. 坩埚根据生产原料可分为石墨坩埚、黏土坩埚和金属坩埚三大类。材质不同，坩埚的耐腐蚀性能不同，应根据固体的性质合理选用。 2. 加热时，坩埚应与坩埚钳配套使用。
	燃烧匙	盛放固体可燃物，用于燃烧实验。	1. 若燃烧物能与燃烧匙反应，则燃烧匙底部应放入少量细沙。 2. 若助燃物能与燃烧匙反应，则须另换代用品。 3. 常见燃烧匙多为铁制、铜制、玻璃制。
不可直接加热类	烧杯	1. 作反应器。 2. 溶解、结晶物质。 3. 盛取、蒸发浓缩或加热溶液。 4. 盛放腐蚀性固体药品进行称重。	1. 不能用火焰直接加热烧杯，在盛有液体时方能加热较长时间，且必须垫上陶土网。 2. 烧杯所盛液体不宜过多，约为容积的 $\frac{1}{2}$。盛液体加热时，不宜超过烧杯容积的 $\frac{1}{3}$。 3. 用于溶解时，液体的体积不宜超过烧杯容积的 $\frac{1}{3}$，并用玻璃棒不断轻轻搅拌。 4. 加热腐蚀性药品时，可将表面皿盖在烧杯口上，以免液体溅出。 5. 不可用烧杯长期盛放化学药品，用后应立即洗净、擦干、倒置存放。

续表

仪器类别	仪器名称及图片	主 要 用 途	使用方法和注意事项
不可直接加热类	锥形瓶	1. 作反应容器。 2. 蒸馏时用作接收器。 3. 滴定分析中用作滴定容器。	1. 振荡时，用右手拇指、食指、中指握住瓶颈，无名指轻扶瓶颈下部，手腕放松，手掌带动手指用力，作圆周运动。 2. 锥形瓶需振荡时，瓶内所盛溶液的体积不超过锥形瓶容积的 $\frac{1}{2}$。
	圆底烧瓶　平底烧瓶	1. 作反应容器。 2. 进行喷泉实验。	1. 加热液体时，液体体积不少于容积的 $\frac{1}{3}$，不超过 $\frac{2}{3}$。 2. 加热液体时，需加入沸石（或碎瓷片），防止暴沸。 3. 实验时圆底烧瓶须置于铁架台上，而平底烧瓶可直接放在实验台上。
	250 mL 三颈烧瓶	作反应容器，常用于有机化学实验。	1. 倾倒溶液时，用玻璃棒轻触瓶口，以防止溶液沿外壁流下。 2. 不适合用玻璃棒搅拌，若需搅拌，手握瓶口微转手腕即可，或使用专用搅拌器。

续表

仪器类别	仪器名称及图片	主 要 用 途	使用方法和注意事项
不可直接加热类	蒸馏烧瓶 250 mL	1. 蒸馏或分馏液体。 2. 作气体发生器。	1. 配置附件（如温度计等）时，应选用合适的橡胶塞，注意检查气密性是否良好。 2. 加热时液体体积不少于容积的 $\frac{1}{3}$，不超过 $\frac{2}{3}$。 3. 蒸馏时先在瓶底加入少量沸石（或碎瓷片），以防暴沸。 4. 蒸馏时温度计水银球的位置应与蒸馏烧瓶支管口保持水平。
分离类	普通漏斗	1. 与滤纸组成过滤器，用于分离固体和液体。 2. 向小口容器中注入液体。 3. 倒置漏斗，用于易溶气体的吸收，防止倒吸。	1. 将过滤器放置在铁架台的铁圈上，使漏斗颈尖端紧贴接收容器的内壁，防止液体飞溅。 2. 向漏斗内注入需过滤的液体时，右手持盛液烧杯，左手持玻璃棒，玻璃棒下端紧靠三层滤纸处，烧杯杯口紧贴玻璃棒，使滤液沿杯口流出，再沿玻璃棒流入漏斗内。 3. 漏斗内液面高度须低于滤纸边缘。
	布氏漏斗 抽滤瓶	真空或负压抽吸过滤。	1. 进行抽滤操作，须将真空泵、抽滤瓶、布氏漏斗托（密封圈）、真空管（橡胶管）、滤纸、布氏漏斗配套使用。 2. 先用水润湿滤纸，抽一下，使滤纸紧贴漏斗底部，防止待过滤的物质漏掉。 3. 倒入待过滤物质，打开真空泵；抽吸过程中可稍微搅拌。

仪器类别	仪器名称及图片	主 要 用 途	使用方法和注意事项
分离类	梨形分液漏斗　球形分液漏斗 恒压滴液漏斗	1. 添加液体，控制所加液体的量及反应速率。 2. 物质的分离提纯：对萃取后形成的互不相溶的两种液体进行分离。	1. 使用前应检查活塞是否与分液漏斗配套、是否润滑、是否漏液。 2. 放液时，磨口塞上的凹槽与漏斗颈上的小孔要对准，这时漏斗内外的空气相通，压强相等，漏斗内的液体才能顺利流出。 3. 分液时根据"下流上倒"的原则，打开活塞让下层液体全部流出，关闭活塞，将上层液体从上口倒出。 4. 球形分液漏斗的颈较长，多用于制取气体装置中滴加液体的仪器；梨形分液漏斗的颈比较短，常用作萃取分液的仪器。 5. 恒压滴液漏斗一般在封闭体系中使用，如绝大部分的有机合成实验，因有机物容易挥发，需要隔绝空气（氧气）等。 6. 恒压滴液漏斗可以平衡气压，一是可以使漏斗内液体顺利流下，二是减小因增加的液体对气体体积测量的影响。
	索氏提取器	萃取固体物质中的化合物。	1. 索氏提取器由提取瓶、提取管、冷凝管三部分组成。 2. 萃取前先将固体物质研碎，然后将固体物质放在滤纸包内，置于提取管中，将提取管的下端与盛有浸出溶剂的提取瓶相连，上面接冷凝管。 3. 加热提取瓶，使溶剂沸腾，蒸气通过连接管上升，进入冷凝管中，被冷凝后滴入提取管中，使溶剂和固体接触进行萃取。当提取管中溶剂液面达到虹吸管的最高处时，含有萃取物的溶剂被虹吸回到提取瓶，因而萃取出一部分物质。然后提取瓶中的浸出溶剂继续蒸发、冷凝、回流、浸出，如此重复，使固体物质不断为纯的浸出溶剂所萃取，并将萃取出的物质富集在提取瓶中。

仪器类别	仪器名称及图片	主要用途	使用方法和注意事项
分离类	分水器	提高原料的利用率和产物的产率。	在某些有机实验中，水和有机物汽化后冷凝回流至分水器中，水在下层，有机相在上层，流回烧瓶。当分水器中的水面接近支管口时应从下口适量放出，尽量保证有机相流回烧瓶。
计量类	量筒	量取液体体积。	1. 量筒为量出式仪器，量取液体时不用润洗，应在室温下进行，读数时视线与量筒内液体的凹液面相平，精度为 0.1 mL。 2. 向量筒内注入液体时，应左手拿量筒，使量筒略倾斜，右手拿试剂瓶，使瓶口紧挨着量筒口，让液体缓缓流入。注入液体后，等待 1～2 min，待附着在内壁上的液体流下后再读数。 3. 实验中应根据所取溶液的体积，尽量选用能一次量取的最小规格的量筒，以减小误差。 4. 不能作反应容器；不能加热；不能稀释浓酸、浓碱；不能储存试剂。 5. 不能用去污粉清洗，以免刮花刻度。

续表

仪器类别	仪器名称及图片	主 要 用 途	使用方法和注意事项
计量类	酸式滴定管 碱式滴定管	滴定分析的主要仪器，准确量取液体体积。	1. 使用前进行"两检"：一是检查滴定管是否破损；二是检查滴定管是否漏液，若是酸式滴定管还应检查玻璃塞旋转是否灵活。 2. 用滴定管量取液体前必须洗涤、润洗。 3. 读数前要将管内的气泡赶尽，使尖嘴内充满液体。 4. 读数应读两次，第一次读数时必须先调整液面在 0 刻度线或 0 刻度线以下；V（量取或滴定液体的体积）$=V_2$（第二次读数）$-V_1$（第一次读数）。 5. 读数时，视线与凹液面相平，精确到 0.01 mL。 6. 滴定操作：使用酸式滴定管滴定时左手控制活塞，大拇指在前，食指和中指在后，手指略微弯曲，手心空握，轻轻向内旋转活塞，液体即可下滴。右手握持锥形瓶，边滴加边摇动，向同一方向作圆周运动，滴定速度先快后慢，成点不成"线"。 使用碱式滴定管时，左手拇指在前，食指在后，捏住乳胶管，轻轻挤压玻璃球，使乳胶管和玻璃球间形成一条缝隙，溶液即可流出。 7. 酸式滴定管的下端有玻璃活塞，可装入酸性或氧化性溶液，不能装入碱性溶液。 碱式滴定管用来盛放碱性溶液，它的下端连接一段乳胶管，凡是能与乳胶管起反应的溶液，如高锰酸钾、碘等溶液，都不能装入碱式滴定管中。

仪器类别	仪器名称及图片	主 要 用 途	使用方法和注意事项
计量类	移液管 吸耳球	移液管用于准确量取一定体积的液体。 吸耳球用于移液管的液体吸取。	1. 润洗：摇匀待吸液体，将待吸液体倒一小部分于小烧杯中，用滤纸将清洗过的移液管尖端内外的水分吸干，并插入小烧杯中吸取液体，当吸至移液管容量的 $\frac{1}{3}$ 左右时，立即用右手食指按住管口，取出，横持并转动移液管，使液体流遍全管内壁，将液体从下端尖口处排入废液杯内。重复上述操作，润洗 3～4 次即可吸取液体。 2. 吸取：将润洗过的移液管插入待吸液体液面下 1～2 cm 处，用吸耳球吸取液体（注意移液管插入液体不能太深，并要边吸边往下插入，始终保持在此深度）。当管内液面上升至标线以上 1～2 cm 处时，撤走吸耳球，迅速用右手食指堵住管口（此时若液体下落至标准线以下，应重新吸取），将移液管提出待吸液体液面，并使移液管尖端接触容器内壁片刻后提起，用滤纸擦干移液管下端黏附的少量液体。 3. 调节液面：另取一个干净的小烧杯，将移液管管尖紧靠小烧杯内壁，小烧杯保持倾斜，使移液管保持垂直，刻度线和视线保持水平。稍稍松开食指，使管内液体慢慢从下口流出，待液面将至刻度线时，按紧右手食指，停顿片刻，再按上述方法放液，使液体的凹液面与刻度线相切，立即用食指压紧管口。将移液管管尖处紧靠烧杯内壁，向烧杯口移动少许，去掉管尖处的液滴。将移液管小心移至承接液体的容器中，放出液体。 4. 移液管为量出式仪器，精度为 0.01 mL。

续表

仪器类别	仪器名称及图片	主要用途	使用方法和注意事项
计量类	容量瓶	用于准确配制一定物质的量浓度的溶液。	1. 使用前先进行"两检"：一是检查容量瓶容积与要求是否一致；二是检查容量瓶是否漏水。具体操作：加水至刻度线附近，盖好瓶塞后用左手食指按住瓶塞，其余手指拿住瓶颈标线以上部分，用右手指尖托住瓶底，将瓶倒立片刻，如不漏水，将瓶直立，转动瓶塞180°，再倒立片刻，如不漏水即可使用。 2. 不能在容量瓶里进行溶质的溶解，应将溶质在烧杯中溶解后再转移到容量瓶里。 3. 洗涤液转移至容量瓶后，液面应低于刻度线，一旦超过，必须重新配制。 4. 容量瓶不能进行加热。如果溶质在溶解过程中放热，应待溶液冷却后再进行转移。 5. 容量瓶是量入式仪器，只能用来配制溶液，不能长时间储存溶液。 6. 容量瓶用毕应及时洗涤干净，塞上瓶塞，并在瓶塞与瓶口之间夹一张纸条，防止瓶塞与瓶口粘连。
	玻璃温度计	测量温度。	1. 应选择合适的温度计，所测温度不能超过量程。 2. 测液体温度时，温度计的玻璃泡应完全浸入液体中，但不得接触容器壁。 3. 读数时，视线应与液柱弯月面（水银温度计）或凹液面（酒精温度计）相平。 4. 禁止用温度计代替玻璃棒用于搅拌。 5. 用完后应擦拭干净，装入纸套内，远离热源存放。

仪器类别	仪器名称及图片	主 要 用 途	使用方法和注意事项
计量类	托盘天平	称量物质的质量。	1. 称量前应将天平放置平稳，并将游码归零，检查天平的摆动是否达到平衡。如果已达平衡，指针摆动时先后指示标尺上左、右两边的格数相等，指针静止时应指在标尺的中央。如果天平的摆动未达到平衡，可以调节左、右平衡螺母使其达到平衡。 2. 称量物不能直接放在托盘上，应在两个托盘上各放一张相同规格的称量纸，然后把称量物放在纸上称量。潮湿的或具有腐蚀性的称量物必须放在玻璃容器（如表面皿、烧杯或称量瓶）里称量。 3. 将称量物放在左盘，砝码放在右盘，砝码须用镊子夹取。先加质量大的砝码，再加质量小的砝码，最后可移动游码，直至指针摆动达到平衡为止。 4. 称量完毕后，应将砝码依次放回砝码盒中，将游码归零。 5. 精度一般为 0.1 g。
	电子天平	称量物质的质量。	1. 调水平：天平开机前，应观察天平后部水平仪内的水泡是否位于圆环的中央。 2. 预热：天平在初次接通电源或长时间断电后开机时，至少需要预热 30 min。 3. 称量：按下 ON/OFF 键，接通显示器，等待仪器自检。称量完毕，按下 ON/OFF 键，关闭显示器。 4. 严禁不使用称量纸直接称量，每次称量后应清洁天平，避免对天平造成污染而影响其精度。 5. 精度一般为 0.0001 g。

续表

仪器类别	仪器名称及图片	主 要 用 途	使用方法和注意事项
计量类	 pH计	测定溶液 pH。	1. pH 玻璃电极的贮存。短期贮存在 pH＝4 的缓冲溶液中；长期贮存在 pH＝7 的缓冲溶液中。 2. pH 玻璃电极的清洗：根据附着物不同选用适宜的清洁剂。 3. 玻璃电极老化的处理：用氢氟酸浸蚀掉外层胶层，能改善电极性能。 4. 具体使用见说明书。
干燥类	 球形干燥管　U形干燥管	干燥气体或除去气体中的杂质，吸收气体用于定量分析。球形干燥管还可用于防倒吸。	1. 球形干燥管只能盛放固体干燥剂；气体从大口进、小口出。 2. U 形干燥管一般盛放固体干燥剂，也可盛放适量液体干燥剂。
	 干燥器	用于物料干燥。	1. 干燥器内应放置足够的干燥剂。干燥剂种类可以根据放置物质的性质选用，失效后要及时更换。 2. 使用中应盖住干燥器盖，将干燥器盖的磨口面紧贴干燥器口边缘，然后用力把干燥器盖推到另一边缘，盖严，推开时应用左手按住干燥器下部，右手按住干燥器盖上的圆顶，沿水平方向向左前方推开干燥器盖，干燥器盖必须仰放在桌子上。 3. 不能将灼热的坩埚立即放入干燥器内，应稍冷后再放入。

仪器类别	仪器名称及图片	主 要 用 途	使用方法和注意事项
干燥类	洗气瓶　　孟氏洗气瓶	气体干燥、除杂、集气、测量气体体积。	1. 洗气瓶应根据用途注意气流方向。 2. 孟氏洗气瓶具有磨砂口直立式筒形瓶体，瓶口有一个空心塞，在空心塞上端焊有两根带有小球的弯支管（小球起缓冲作用）。其中一根弯支管进入瓶体后焊接有一段膨大且底部封闭的粗玻璃管，沿瓶的中心直插入瓶底；在管的尾端有一束腰，底部有小孔，能使气体分散为细小的气泡，以增加气体与吸收液的接触面积。
盛放类	滴瓶	盛放少量液体药品。	1. 使用过程中，滴管不可倒放、横放，以免试剂腐蚀滴管。 2. 滴瓶上的滴管与滴瓶配套使用，不可一管多用，除吸取溶液外，管尖不能接触其他器物，避免污染。 3. 滴加时，滴管应竖直向下，置于容器正上方。 4. 吸出的药品不可倒回滴瓶。 5. 不可用滴瓶长时间盛放强碱性溶液或强氧化性溶液。 6. 需要避光保存时用棕色滴瓶。
	广口瓶	存放固体药品。	1. 取用固体药品时，瓶塞须倒放在桌上，用后应将瓶塞塞紧，必要时应密封，瓶塞与瓶应一一对应。 2. 盛放碱性药品时用橡胶塞；盛放氧化性药品时用玻璃塞。 3. 摆放时标签向外。
	细口瓶	盛放液体药品。	1. 取用试剂时，瓶塞要倒放在桌上，用后应将瓶塞塞紧，必要时应密封，瓶塞与瓶应一一对应。 2. 盛放碱性药品时用橡胶塞；盛放氧化性药品时用玻璃塞。 3. 摆放时标签向外。 4. 需要避光保存时使用棕色瓶。

仪器类别	仪器名称及图片	主 要 用 途	使用方法和注意事项
固定类	铁架台	固定和支持仪器。	1. 用铁夹固定试管和烧瓶时，应先松开铁夹的螺丝，套上仪器，旋紧螺丝时不可用力过猛，以防夹破仪器。 2. 用铁架台夹持仪器时，应由下向上逐个调整固定。 3. 用蝴蝶夹夹持滴定管时注意保持滴定管竖直向下，松开蝴蝶夹时动作应轻缓，避免损坏滴定管。
	坩埚钳	夹持坩埚或其他高温器皿。	1. 避免接触试剂，夹持前应预热，以免坩埚因局部冷却而破裂。 2. 夹持坩埚时使用弯曲部分，夹持其他器皿时用钳尖。 3. 用坩埚钳夹取坩埚和坩埚盖时要轻夹，避免使质脆的瓷坩埚等被夹碎。 4. 使用完毕，应将钳尖向上放在桌面或陶土网上。
	试管夹	夹持试管。	1. 从试管底部套入，夹在距试管口 $\frac{1}{3}$ 处或中上部。 2. 夹好以后，手立即放到长柄处，手指不能按在短柄上。 3. 使用完毕后，试管夹从试管底端取出，始终不接触管口。
	泥三角	灼烧操作时用于放置坩埚。	1. 常与三脚架配合使用。 2. 不能猛烈撞击，以免损坏瓷管。
	三脚架	搁置加热物体。	略。

仪器类别	仪器名称及图片	主 要 用 途	使用方法和注意事项
固定类	 陶土网	加热时垫在热源与玻璃仪器之间，使受热均匀。	略。
收集类	 集气瓶	收集气体、装配洗气瓶和进行物质跟气体之间的反应。	1. 收集气体时，可以用排液法或排空气法，应根据气体和液体的性质、气体的密度进行适当选择。 2. 物质在集气瓶中燃烧时须盛装适量水或在瓶底铺细沙，以防炸裂。
	 直形冷凝管　空气冷凝管 球形冷凝管　蛇形冷凝管	冷凝、回流。	1. 冷凝时，蒸气温度高于 140 ℃，使用空气冷凝管；温度低于 140 ℃，使用直形冷凝管。 2. 球形冷凝管、蛇形冷凝管用于有机制备的冷凝回流，前者适用于各种沸点的液体，后者适用于沸点较低的液体。
其他	 点滴板	用于微量反应。	略。

续表

仪器类别	仪器名称及图片	主 要 用 途	使用方法和注意事项
其他	表面皿	蒸发液体，用作盖子，作容器或承载器。	若用作各种仪器的盖子，一般应选择大于仪器口径1 cm的表面皿。
	研钵	研碎实验材料。	1. 按被研磨固体的性质和产品的粗细程度选用不同材质的研钵。 2. 进行研磨操作时，研钵应放置在不易滑动的物体上，研杵应保持垂直。
	启普发生器	气体发生装置。	1. 启普发生器由长颈漏斗、球形容器和带玻璃活塞的导气管三部分组成。 2. 移动启普发生器时，应握住球形容器的蜂腰处，以免底座脱落造成事故。 3. 使用前须检查装置气密性。 4. 将启普发生器横放，将固体药品由容器上插导气管的口中加入，然后放正仪器，再将带导气管的塞子塞好，接着由长颈漏斗口加入液体试剂。使用时，拧开导气管活塞，使液体试剂由球形漏斗流到容器的底部，再上升到中部跟固体药品接触而发生反应，产生的气体从导气管放出。不用时关闭导气管的活塞，容器内继续反应产生的气体使容器内压强增大，把液体试剂压回长颈漏斗，使液体试剂与固体药品脱离接触，反应自行停止。 5. 启普发生器不能进行加热，也不能用于强烈的放热反应；固体必须是块状，与液体接触后不能很快溶解或变成粉末；制取难溶于液体试剂（或微溶于液体试剂）的气体且生成气体的反应不可过快。 6. 便于控制反应的发生或停止。

三、 现代化学实验技术

化学是一门以实验为基础的自然科学，现代化学实验技术与方法反映了现代化学科学技术发展的特点，体现了现代教育的思想，在促进学生身心发展和提高学生综合素质方面都发挥了重要的作用。引进现代化学实验技术与方法教学，能加快中学化学实验的现代化教学进程，帮助学生了解化学实验发展的方向，理解化学变化的基本规律，形成化学科学的基本观念。

现代化学实验技术起步于二十世纪初期。二十世纪四五十年代，随着原子能技术和半导体材料的发展，要求化学实验提供灵敏度高、准确性好、能够快速对数据进行分析的实验技术和方法，于是现代化学实验技术得到了快速的发展。在二十世纪三十年代至五十年代先后出现了电化学分析法、原子吸收分光光度法、高效液相色谱法、质谱法、X射线衍射法等，使化学实验从定性阶段逐步过渡到了定量阶段。

数字化实验仪器的应用可以实现实验数据的实时测量、采集、分析、处理和显示，实现理科教学与信息技术的有效整合。在运用数字化实验仪器时，学生可以亲手操作仪器，感知由操作所带来的实验数据的变化。这种方式不但能大大激发学生的学习兴趣，而且为学生主动学习、主动创新提供了一个很好的平台。数字化实验通过对化学实验过程中的数据进行收集和整理，并以图表的形式呈现出来，将定性分析转变为定量分析，更加准确地呈现实验结果，可以有效地培养学生"宏观—微观—符号—曲线"的化学四重表征能力。

数字化实验是由数据采集器、传感器和配套软件组成的能定量采集数据（包括物理、化学和生物数据等）并能与计算机连接的实验技术系统。化学传感器是搜集化学实验数据的重要元件，它可将非电量信号（如 pH 变化、物质的量浓度变化、色度变化等）按一定规律转换成电量信号，从而极大地方便了后期信息的处理。目前，在化学研究中广泛使用的传感器主要有 pH 传感器、电导率传感器、水质传感器、二氧化碳传感器、氧气传感器、溶解氧传感器、高精度滴定计、浑浊度传感器、色度传感器、光强传感器及离子电极等。

1. 中学化学常用手持数字化实验设备

中学化学常用手持数字化实验设备如表 5-5 所示。

表 5-5　中学化学常用手持数字化实验设备

仪　　器	用　　途
 无线图形分析软件	采集、处理、分析实验数据。
 光谱分析软件	采集、处理、分析实验数据。
 无线温度传感器	测量$-40\sim125$ ℃范围内的温度。
 无线 pH 传感器	测量低强度酸性、低强度碱性水溶液的 pH。
 无线玻璃 pH 传感器	测量强酸强碱水溶液、非水溶液的 pH。
 无线氧化还原传感器	测量溶液作为氧化剂或还原剂的能力。

仪　　器	用　　途
 无线抗酸碱导电率传感器	测量强酸强碱水溶液、非水溶液的导电率。
 无线滴速传感器	准确记录滴定过程中加入的滴定剂的体积。
 无线气体压力传感器	用于监测化学、生物学和物理学中气体法实验中的压力变化。
 无线氧气传感器	测定气体中的氧气浓度。
 无线二氧化碳传感器	测定气体中二氧化碳的浓度。

续表

仪　器	用　途
无线分光光度计	用于化学、生物学和物理学的各种入门光谱实验。
分光光度计光纤	配合分光光度计、紫外分光光度计等光谱类传感器使用。
无线恒定电流传感器	内置直流电源的电流探头，专为电化学实验而设计，可用于阿伏伽德罗常数的测定等实验。
无线氯离子传感器	测定溶液中氯离子的浓度。
无线电压传感器	测量交流/直流电路和电磁产生的电压。
无线电流传感器	测量低压交流和直流电路中的电流，电流范围是 ± 1 A。

仪　器	用　途
 磁力搅拌器	搅拌。
 定制玻璃实验器皿套装	搭配传感器进行实验。

2. 高中化学数字化实验内容

高中化学数字化实验内容如表 5-6 所示。

表 5-6　高中化学数字化实验统计

序号	实 验 内 容	数 字 设 备
1	离子反应	电导率传感器、滴数传感器、磁力搅拌器
2	钠在空气中燃烧	氧气传感器、二氧化碳传感器、玻璃 pH 传感器
3	探究过氧化钠与水、二氧化碳的反应	氧气传感器、二氧化碳传感器、玻璃 pH 传感器
4	碳酸钠与碳酸氢钠溶解的热现象	温度传感器、磁力搅拌器
5	焰色试验	分光光度计、光纤
6	验证次氯酸光照分解产物的数字化实验	pH 传感器、氧气传感器、氯离子传感器

续表

序号	实 验 内 容	数 字 设 备
7	菠菜中铁元素的检验	色度计或者分光光度计
8	浓硫酸的吸水性	相对湿度传感器
9	氨溶于水的喷泉实验	气体压力传感器
10	盐酸与镁反应的热效应	温度传感器
11	简易电池的设计与制作	电流传感器、温度传感器
12	探究影响过氧化氢分解反应速率的因素	气体压力传感器、氧气传感器
13	探究硫代硫酸钠与硫酸反应速率的影响因素	温度传感器、色度计或者分光光度计
14	探究乙酸乙酯水解反应的实质	玻璃 pH 传感器
15	酸碱滴定	pH 传感器、滴数传感器、磁力搅拌器
16	中和反应反应热的测定	温度传感器
17	定性与定量研究影响化学反应速率的因素	气体压力传感器
18	温度对化学平衡的影响	温度传感器
19	探究影响化学平衡移动的因素	分光光度计、温度传感器、气体压力传感器
20	盐酸和醋酸的 pH 和导电能力	pH 传感器、电导率传感器
21	镁与盐酸、醋酸反应时气体压强的变化	气体压力传感器
22	NaOH 溶液滴定 HCl 溶液过程中的 pH 变化	pH 传感器、滴数传感器
23	盐溶液的酸碱性	pH 传感器

序号	实验内容	数字设备
24	反应条件对 $FeCl_3$ 水解平衡的影响	pH 传感器、温度传感器
25	铜锌原电池装置	电流传感器
26	铁钉的吸氧腐蚀实验	氧气传感器
27	牺牲阳极法实验	电流传感器、分光光度计
28	制作简单的燃料电池	电流传感器
29	碘在水和四氯化碳中的溶解性	分光光度计
30	几种固体及其溶液的颜色	分光光度计
31	探究苯酚与饱和溴水反应的类型	电导率传感器
32	蒸馏水和无水乙醇与钠反应的对比	气体压力传感器
33	乙醇与酸性重铬酸钾溶液的反应	氧化还原传感器
34	苯酚与氯化铁反应	分光光度计
35	羧酸的酸性	玻璃 pH 传感器
36	乙酸乙酯的制备与性质	气相色谱仪、玻璃 pH 传感器

3. 实验案例简介

酸碱中和滴定

一、实验目的

（1）能使用 pH 传感器检测 NaOH 溶液滴定 HCl 溶液时溶液的 pH 变化情况。

（2）能使用滴定曲线和相关数据寻找滴定终点。

（3）能计算 HCl 溶液的浓度。

二、实验原理

滴定是用已知浓度的液体滴定未知浓度的液体，通过定量反应测定未知溶液浓度的方法。本实验中，使用已知浓度的 NaOH 溶液滴定未知浓度的 HCl 溶液。

用 NaOH 溶液滴定 HCl 溶液时，随着碱液的加入，pH 逐渐增大，在中和点附近 pH 迅速增大，如下图所示。随着过量碱液的加入，pH 逐渐增大，然后趋于稳定。pH 变化最大的点即为滴定反应的中和点，利用达到中和点所消耗的 NaOH 溶液的体积，计算 HCl 溶液的浓度。

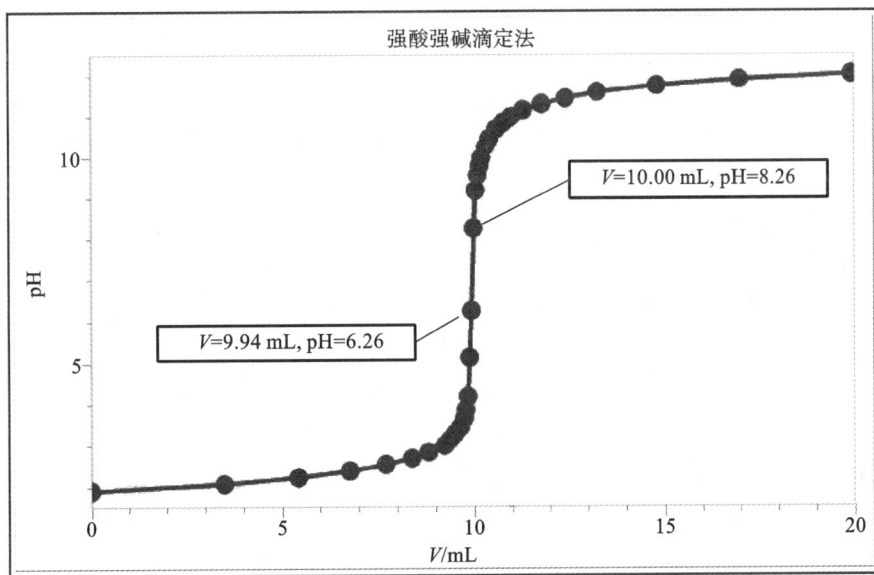

三、实验试剂和仪器

试剂：0.1000 mol/L NaOH 溶液、HCl 溶液（未知浓度）、蒸馏水。

仪器设备：计算机、磁力搅拌器、数据采集器、磁力搅拌子、Vernier Graphical Analysis 软件、洗瓶、pH 传感器、环形架、万用夹、洗耳球、250 mL 烧杯、滴数传感器、100 mL 烧杯、50 mL 量筒、25 mL 移液管等。

四、实验步骤

（1）戴好护目镜。

（2）将 pH 传感器与采集器连接，将滴数传感器放在铁架台上，并将其连接到采集器的数字接口。

（3）向 100 mL 烧杯中加入 25 mL HCl 溶液。（注意：HCl 溶液具有腐蚀性，请小心使用。）

（4）取一个干净的 250 mL 烧杯，准确量取 40 mL 0.1000 mol/L NaOH 溶液加

入其中，并在数据记录表上准确记录 NaOH 溶液的浓度。（注意：NaOH 溶液具有腐蚀性，请勿接触皮肤或衣物。）

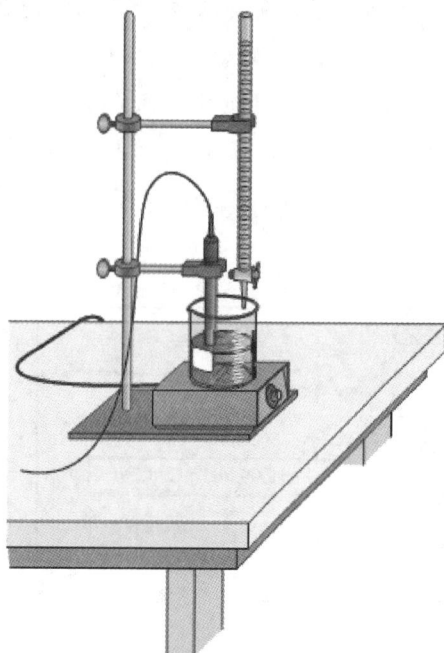

（5）取出滴数传感器配件——针筒式滴定管，该滴定管下端有两个开关，上方的开关用来调节液滴速度，而下方的开关则用于控制滴定的开始和结束。先保持两个开关均为关闭状态，然后取 0.1000 mol/L NaOH 溶液润洗滴定管，并按左图所示，用万用夹固定好滴定管，将烧杯中剩余的 NaOH 溶液倒入滴定管中。接着，打开两个开关，让液体滴下几滴，以便排空滴定管尖端的空气。最后，关闭所有开关。

（6）打开 Vernier Graphical Analysis 软件，打开滴数传感器。

（7）校准滴数传感器。

①从实验菜单中选择校准滴数传感器。

②从如下两种方法中任选一种进行校准。

a. 如果已有该滴数传感器的每滴的准确体积，可直接选择"手动校准"，输入已知的每毫升的滴数，然后点击"完成"，进行第 8 步实验。

b. 如果需要重新校准，则选择"自动校准"，再按步骤 c 往下进行实验。

③取一个 10 mL 量筒置于滴定管正下方。

④完全打开滴定管下端的开关，而上端的开关则保持关闭状态。

⑤点击校准对话框中的"开始"按钮。

⑥慢慢地打开上端的开关，使液滴的滴速保持在约 2 秒一滴，且校准对话框中的滴数也在实时计数。

⑦当量筒中的 NaOH 溶液有 9～10 mL 时，关闭滴定管下端的开关，上端则保持原来的状态不变。

⑧输入量筒中的 NaOH 的准确体积，并记录单位体积液体的滴数（滴/毫升），以便后续使用该数值。

⑨点击"完成"。

（8）装置搭建。

①将磁力搅拌器放在铁架台上。

②将装有 HCl 溶液的烧杯放在磁力搅拌器上，并放入磁力搅拌子。

③滴数传感器固定在烧杯的上方，且将 pH 传感器插入到滴数传感器的大孔内。

④调节装置的位置，使 pH 传感器的尖端伸入到液面以下，且搅拌子不能碰到 pH 传感器的玻璃尖端。同时，滴数传感器的尖端须在磁力搅拌器的正上方中心位置。

⑤此时，pH 传感器的示数应在 1.5～2.5 之间。

（9）打开磁力搅拌器的开关，慢慢加大转速。

（10）点击"采集"开始采集数据，完全打开滴定管下端的开关，上端的开关则保持不动。

（11）观察图像，随着滴定的进行，pH 缓慢上升，当滴定曲线出现突跃时，即为滴定的中和点。随后，pH 上升的速度又变得缓慢，当趋于平稳时，点击"停止"按钮，关闭滴定管的下端开关。

（12）按教师的要求处理反应后的溶液。

（13）打印图像和数据表格。

（14）如果时间允许，可重复滴定一次，以便得到更准确的结果。

五、数据处理

（1）利用滴定曲线和数据计算每次实验中消耗的 NaOH 的体积：找到加入 1 滴 NaOH 溶液后 pH 变化最大的点，并且记录变化前和变化后的体积。

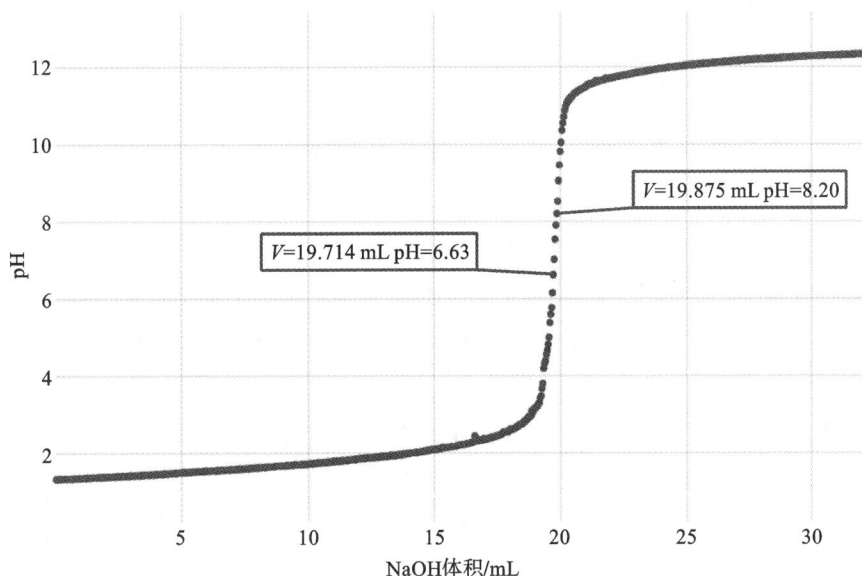

V=19.875 mL pH=8.20

V=19.714 mL pH=6.63

（2）pH 变化最大的点即为滴定反应的中和点，将步骤 1 中变化前和变化后的体积的平均值作为中和点对应的 NaOH 的体积，本次实验 V（NaOH）＝19.7945 mL。

（3）计算消耗的 NaOH 的物质的量。

$$n_{(NaOH)} = c_{(NaOH)} \times V_{(NaOH)} = 0.1000 \text{ mol/L} \times 19.7945 \text{ mL} \times 10^{-3}$$
$$= 1.97945 \times 10^{-3} \text{ mol}$$

（4）通过 NaOH 与 HCl 的中和反应方程式，计算盐酸的物质的量。

$$n_{(HCl)} = n_{(NaOH)} = 1.97945 \times 10^{-3} \text{ mol}$$

$$c_{(HCl)} = n_{(HCl)} \div V_{(HCl)} = 1.97945 \times 10^{-3} \text{ mol} \div 0.0025 \text{ L} = 0.79178 \text{ mol/L}$$

（5）（可选）若滴定实验重复了多次，则计算多次得到的 HCl 浓度的平均值。

六、数据记录

数据记录如下表所示。

项　　目	测　试　一	测　试　二
氢氧化钠（NaOH）的浓度/（mol/L）	0.1000	
最大 pH 值变化前已加的氢氧化钠（NaOH）体积/mL	19.714	
最大 pH 值变化后已加的氢氧化钠（NaOH）体积/mL	19.875	
在中和点加入的氢氧化钠（NaOH）体积/mL	19.7945	
氢氧化钠（NaOH）的物质的量/mol	1.97945×10^{-3}	
盐酸（HCl）的物质的量/mol	1.97945×10^{-3}	
盐酸（HCl）的浓度/（mol/L）	0.79178	
盐酸（HCl）的浓度平均值/（mol/L）		

七、注意事项

（1）实验前要检查滴定管是否漏液。

（2）向滴定管中加入溶液前要先润洗。

（3）实验时应先打开搅拌器，再点"采集"按钮。

八、实验反思

（1）运用数字传感器技术可以减小因指示剂种类和浓度不同产生的误差。

（2）定性实验和定量实验同时进行，使实验操作变得更简单和准确。

（3）利用软件动态绘制 pH 突跃曲线，学生能够直观地认识到突跃范围的真实客观性。

（4）信息技术与化学学科融合，让学生体会到学科之间的相互联系，开阔了学生的视野，激发了学生的学习兴趣。

学生实验操作评价试题及评分细则

高中化学学生实验操作评价试题 1　配制一定物质的量浓度的溶液

（注：满分 100 分；所有数据、结论必须有相应操作过程才能得分。）

【实验用品】

烧杯、容量瓶（100 mL）、胶头滴管、量筒、玻璃棒、药匙、滤纸、天平。NaCl 固体、蒸馏水等。

【实验步骤】

配制 100 mL 1.00 mol/L NaCl 溶液

1. 计算溶质的质量

使用托盘天平称量时，所需 NaCl 固体的质量 $m=$ ＿＿＿＿＿＿ g。（10 分）

2. 称量

在托盘天平上称量出所需质量的 NaCl 固体。（10 分）

3. 配制溶液

（1）溶解。把称好的 NaCl 固体放入烧杯中，再向烧杯中加入 40 mL 蒸馏水，用玻璃棒搅拌，使 NaCl 固体完全溶解。（10 分）

（2）转移。将烧杯中的溶液沿玻璃棒注入＿＿＿＿＿＿＿中。（10 分）

（3）洗涤。用少量蒸馏水洗涤烧杯内壁和玻璃棒 2～3 次，并将洗涤液也都注入容量瓶。轻轻摇动容量瓶，使溶液混合均匀。（15 分）

（4）定容。继续向容量瓶中加入蒸馏水，直至液面在刻度线以下 1～2 cm 时，改用＿＿＿＿＿＿滴加蒸馏水，至＿＿＿＿＿＿＿＿＿＿＿。（20 分）

（5）摇匀。盖好容量瓶的瓶塞，反复上下颠倒，摇匀。（5 分）

4. 装瓶贴签

将配制好的溶液倒入试剂瓶中，贴好标签。（10 分）

5. 整理实验台

清洗仪器，整齐摆放实验用品。（10 分）

高中化学学生实验操作评价试题 1　评分细则

实 验 内 容	评 分 说 明	分值	得分
计算	正确书写"5.9 g"。	10 分	
称量	使用托盘天平称量 NaCl 固体操作正确。	10 分	
配制溶液	选择合适规格的烧杯，在加入 NaCl 固体后注入 40 mL 蒸馏水。	5 分	
	用玻璃棒搅拌溶液时操作正确，无猛烈敲击烧杯内壁等现象。	5 分	
	正确书写"100 mL 容量瓶"。	5 分	
	将烧杯中的溶液沿玻璃棒全部注入 100 mL 容量瓶，无将溶液洒到容量瓶外等现象。	5 分	
	用少量蒸馏水洗涤烧杯内壁和玻璃棒 2～3 次。	5 分	
	将洗涤液都注入容量瓶。	5 分	
	轻轻摇动容量瓶，使溶液混合均匀。	5 分	
	沿玻璃棒向容量瓶中加入蒸馏水至液面在刻度线以下 1～2 cm 处。	5 分	
	正确书写"胶头滴管"。	5 分	
	正确书写"溶液凹液面与刻度线相切"。	5 分	
	平视容量瓶上的刻度线，滴加蒸馏水至溶液的凹液面与刻度线相切。	5 分	
	盖好容量瓶的瓶塞，反复上下颠倒，摇匀。	5 分	
装瓶贴签	选择合适的试剂瓶。	5 分	
	将配制好的溶液倒入试剂瓶中，贴好标签。	5 分	
整理实验台	清洗仪器，整齐摆放实验用品。	10 分	
合计		100 分	

高中化学学生实验操作评价试题 2　铁及其化合物的性质

（注：满分 100 分；所有数据、结论必须有相应操作过程才能得分。）

【实验用品】

试管、胶头滴管。

$FeCl_3$ 稀溶液、$FeSO_4$ 溶液、酸性 $KMnO_4$ 溶液、KSCN 溶液、KI 溶液、淀粉溶

液、蒸馏水等。

【实验步骤】

1. 在一支盛有 3 mL 水的试管中滴加几滴 $FeCl_3$ 稀溶液，再滴加 3 滴 KI 溶液，观察到溶液颜色为_____。然后向溶液中滴加 2 滴淀粉溶液，观察到溶液颜色变为_____。$FeCl_3$ 与 KI 溶液反应的离子方程式为_____。（35 分）

2. 在一支试管中加入少量酸性 $KMnO_4$ 溶液，然后向试管中加入少量 $FeSO_4$ 溶液，观察到溶液的颜色变化为_____。酸性 $KMnO_4$ 溶液与 $FeSO_4$ 溶液发生反应的离子方程式为_____。（35 分）当溶液颜色褪去时，再滴加 2 滴 KSCN 溶液，观察到溶液颜色_____。Fe^{3+} 与 SCN^- 反应的离子方程式为_____。（20 分）

3. 整理实验台

清洗仪器，整齐摆放实验用品。（10 分）

高中化学学生实验操作评价试题 2　评分细则

实 验 内 容	评 分 说 明	分值	得分
铁盐的氧化性	使用胶头滴管滴加 $FeCl_3$ 溶液和 KI 溶液操作正确。	10 分	
	正确书写"褐色"（答案合理即可）。	5 分	
	使用胶头滴管滴加淀粉溶液操作正确。	5 分	
	正确书写"蓝色"（答案合理即可）。	5 分	
	正确书写"$2Fe^{3+}+2I^-=\!=\!2Fe^{2+}+I_2$"。	10 分	
亚铁盐的还原性	使用胶头滴管滴加 $FeSO_4$ 溶液和 KSCN 溶液操作正确。	10 分	
	两种溶液的滴加量合理。	10 分	
	正确书写"紫色褪去"。	5 分	
	正确书写"$MnO_4^-+5Fe^{2+}+8H^+=\!=\!Mn^{2+}+5Fe^{3+}+4H_2O$"。	10 分	
	正确书写"变红"（答案合理即可）。	10 分	
	正确书写"$Fe^{3+}+3SCN^-=\!=\!Fe(SCN)_3$"。	10 分	
整理实验台	清洗仪器，整齐摆放实验用品。	10 分	
合计		100 分	

高中化学学生实验操作评价试题 3　同周期元素性质的递变

（注：满分 100 分；所有数据、结论必须有相应操作过程才能得分。）

【实验用品】

试管、试管架、胶头滴管。

2 mol/L 盐酸、2 mol/L NaOH 溶液、新制的氨水、1 mol/L $AlCl_3$ 溶液等。

【实验步骤】

1. 探究氢氧化铝的性质

(1) 向试管中加入 2 mL 1 mol/L AlCl₃ 溶液，然后滴加新制的氨水，直到不再产生白色絮状 Al（OH）₃ 沉淀为止。（25 分）

(2) 将 Al（OH）₃ 沉淀平均分装在两支试管中，向一支试管中滴加 2 mol/L 盐酸，边滴加边振荡，观察到沉淀 _____，反应的化学方程式为 _____；向另一支试管中滴加 2 mol/L NaOH 溶液，边滴加边振荡，观察到沉淀_____，反应的化学方程式为_____。（50 分）

2. 比较钠、镁、铝元素的金属性强弱

从碱性强弱的视角看，NaOH 属于强碱，Mg（OH）₂ 属于中强碱，Al（OH）₃ 属于_____氢氧化物。同周期的钠、镁、铝元素的金属性依次_____。（15 分）

3. 整理实验台

清洗仪器，整齐摆放实验用品。（10 分）

高中化学学生实验操作评价试题 3　评分细则

实 验 内 容	评 分 说 明	分值	得分
探究氢氧化铝的性质	取用 2 mL AlCl₃ 溶液时，试剂瓶瓶塞倒放，倾倒正确，溶液体积合理，取用完毕后马上盖好瓶塞。	10 分	
	使用胶头滴管滴加氨水操作正确。	10 分	
	滴加氨水的量合理。	5 分	
	将 Al（OH）₃ 沉淀均分在两支试管中。	10 分	
	使用胶头滴管滴加盐酸操作正确。	5 分	
	振荡试管操作正确。	5 分	
	正确书写"溶解"（答案合理即可）。	5 分	
	正确书写"Al（OH）₃＋3HCl══AlCl₃＋3H₂O"。	5 分	
	使用胶头滴管滴加 NaOH 溶液操作正确。	5 分	
	振荡试管操作正确。	5 分	
	正确书写"溶解"（答案合理即可）。	5 分	
	正确书写"Al（OH）₃＋NaOH══NaAlO₂＋2H₂O"。	5 分	
比较钠、镁、铝元素的金属性强弱	正确书写"两性"。	5 分	
	正确书写"减弱"。	10 分	
整理实验台	清洗仪器，整齐摆放实验用品。	10 分	
合计		100 分	

高中化学学生实验操作评价试题 4　乙醇与乙酸的化学性质

（注：满分 100 分；所有数据、结论必须有相应操作过程才能得分。）

【实验用品】

胶头滴管、量筒、试管、试管夹、酒精灯等。

无水乙醇、铜丝、乙酸溶液、碳酸钠固体等。

【实验步骤】

1. 乙醇的催化氧化

向一支试管中加入 3～5 mL 无水乙醇，取一根下端绕成螺旋状、长 10～15 cm 的铜丝，放在酒精灯外焰上加热后，趁热插入无水乙醇中，铜丝表面的颜色变化为_____，这样反复操作几次。小心地闻试管中生成物的气味，反应后试管中有_____气味。乙醇在铜丝的作用下发生反应的化学方程式为_____。（50 分）

2. 乙酸的化学性质

向一支试管中加入少量碳酸钠固体，再加入约 3 mL 乙酸溶液，产生的现象是_____。碳酸钠与乙酸溶液发生反应的化学方程式为_____，离子方程式为_____。（40 分）

3. 整理实验台

清洗仪器，整齐摆放实验用品。（10 分）

高中化学学生实验操作评价试题 4　评分细则

实验内容	评分说明	分值	得分
乙醇的催化氧化	取用 3～5 mL 无水乙醇时，试剂瓶瓶塞倒放，倾倒正确，取用完毕后马上盖好瓶塞。	10 分	
	铜丝趁热插入无水乙醇中，颜色由黑色变红色。	5 分	
	正确书写"由黑变红"（答案合理即可）。	10 分	
	反复操作几次。	10 分	
	正确书写"刺激性"（答案合理即可）。	5 分	
	正确书写"$2C_2H_5OH + O_2 \xrightarrow[\triangle]{Cu} 2CH_3CHO + 2H_2O$"。	10 分	
乙酸的化学性质	正确加入少量碳酸钠固体。	10 分	
	正确书写"有气泡逸出"。	10 分	
	正确书写"$Na_2CO_3 + 2CH_3COOH === 2CH_3COONa + CO_2 \uparrow + H_2O$"。	10 分	

续表

实 验 内 容	评 分 说 明	分值	得分
乙酸的化学性质	正确书写"$CO_3^{2-} + 2CH_3COOH = 2CH_3COO^- + CO_2\uparrow + H_2O$"。	10 分	
整理实验台	清洗仪器，整齐摆放实验用品。	10 分	
合计		100 分	

高中化学学生实验操作评价试题 5　制作简单的燃料电池

（注：满分 100 分；所有数据、结论必须有相应操作过程才能得分。）

【实验用品】

U 形管、石墨棒（石墨棒使用前应该经过烘干活化处理）、3~6 V 的直流电源、鳄鱼夹、导线和开关、电流表等。

1 mol/L Na_2SO_4 溶液、酚酞溶液等。

【实验步骤】

1. 电解水

在 U 形管中注入 1 mol/L Na_2SO_4 溶液，然后向其中滴入 1~2 滴酚酞溶液。在 U 形管的两边分别插入一根石墨棒，并用鳄鱼夹、导线连接电源。闭合 K_1，接通直流电源开始电解。装置如下图所示。（25 分）

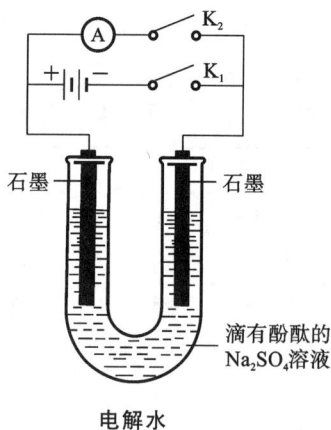

电解水

观察到两极均有_____色气体产生，_____极区产生气体的体积约是_____极区产生气体体积的 2 倍，_____极石墨棒附近的溶液变为红色。该过程的总反应式为_____。（25 分）

2. 制作氢氧燃料电池

当电解水的过程进行 1~2 min 后，打开 K_1，断开直流电源。将两根石墨棒用导线分别与电流表相连，闭合 K_2。（20 分）

观察到两极气体逐渐_____，电流表指针_____，_____极石墨棒附近溶液红色逐渐变浅。该电池的总反应式为_____。（20分）

3. 整理实验台

清洗仪器，整齐摆放实验用品。（10分）

高中化学学生实验操作评价试题 5　评分细则

实 验 内 容	评 分 说 明	分值	得分
电解水	能正确地向 U 形管中加入合适体积的 1 mol/L Na₂SO₄ 溶液。	5 分	
	使用胶头滴管滴加酚酞溶液操作正确。	5 分	
	能正确地选用直流电源、电流表等仪器。	5 分	
	能正确地根据装置图连接电解水装置。	5 分	
	能及时、正确地闭合 K₁，能熟练使用直流电源。	5 分	
	正确书写"无"。	5 分	
	正确书写"阴"。	5 分	
	正确书写"阳"。	5 分	
	正确书写"阴"。	5 分	
	正确书写"$2H_2O \xrightarrow{电解} 2H_2\uparrow + O_2\uparrow$"。	5 分	
制作氢氧燃料电池	能控制电解过程进行 1～2 min。	5 分	
	能及时、正确地打开 K₁，能熟练使用直流电源。	5 分	
	能正确地根据装置图连接制作氢氧燃料电池的装置。	5 分	
	能及时、正确地闭合 K₂。	5 分	
	正确书写"减少"（答案合理即可）。	5 分	
	正确书写"偏转"。	5 分	
	正确书写"负"。	5 分	
	正确书写"$2H_2 + O_2 === 2H_2O$"。	5 分	
整理实验台	清洗仪器，整齐摆放实验用品。	10 分	
合计		100 分	

高中化学学生实验操作评价试题 6　探究影响化学平衡移动的因素

（注：满分 100 分；所有数据、结论必须有相应操作过程才能得分。）

【实验用品】

小烧杯、大烧杯、量筒、试管、试管架、玻璃棒、胶头滴管、酒精灯、火柴、两个封装有 NO₂ 和 N₂O₄ 混合气体的圆底烧瓶等。

0.1 mol/L K₂Cr₂O₇ 溶液、6 mol/L NaOH 溶液、6 mol/L H₂SO₄ 溶液、热水、冰块、蒸馏水等。

【实验步骤】

1. 浓度对化学平衡的影响

在 $K_2Cr_2O_7$ 溶液中存在以下平衡：$\underset{(橙色)}{Cr_2O_7^{2-}} + H_2O \rightleftharpoons \underset{(黄色)}{2CrO_4^{2-}} + 2H^+$。取一支试管，加入 2 mL 0.1 mol/L $K_2Cr_2O_7$ 溶液，向试管中滴加 5～10 滴 6 mol/L NaOH 溶液，溶液变为_____色。这说明，在其他条件不变时，减小生成物浓度，平衡向_____移动。向试管中继续滴加 5～10 滴 6 mol/L H_2SO_4 溶液，溶液变为_____色。这说明，在其他条件不变时，增大生成物浓度，平衡向_____移动。（40 分）

2. 温度对化学平衡的影响

取两个封装有 NO_2 和 N_2O_4 混合气体的圆底烧瓶（编号分别为①和②），将①浸在盛有热水的大烧杯中，②浸在盛有冷水的大烧杯中，比较两个烧瓶里气体的颜色：①中_____，②中_____。将两个烧瓶互换位置，将②浸在盛有热水的大烧杯中，①浸在盛有冷水的大烧杯中，稍等片刻，再比较两个烧瓶里气体的颜色：①中_____，②中_____。在其他条件不变时，升高温度，平衡向_____的方向移动；降低温度，平衡向_____的方向移动。（50 分）

3. 整理实验台

清洗仪器，整齐摆放实验用品。（10 分）

高中化学学生实验操作评价试题 6　评分细则

实 验 内 容	评 分 说 明	分值	得分
浓度对化学平衡的影响	取用 2 mL 0.1 mol/L $K_2Cr_2O_7$ 溶液时，试剂瓶瓶塞倒放，倾倒正确，取用完毕后马上盖好瓶塞。	10 分	
	正确书写"黄"。	5 分	
	正确书写"正反应方向"。	5 分	
	正确滴加适量 H_2SO_4 溶液。	5 分	
	正确书写"橙"。	5 分	
	正确书写"逆反应方向"。	10 分	
温度对化学平衡的影响	正确将圆底烧瓶①浸在热水中、②浸在冷水中。	10 分	
	正确书写"红棕色加深"；正确书写"红棕色变浅"。	10 分	
	将两个烧瓶互换位置。	10 分	
	正确书写"红棕色变浅"；正确书写"红棕色加深"。	10 分	
	正确书写"吸热反应"；正确书写"放热反应"。	10 分	
整理实验台	清洗仪器，整齐摆放实验用品。	10 分	
合计		100 分	

高中化学学生实验操作评价试题 7　强酸与强碱的中和滴定

（注：满分 100 分；所有数据、结论必须有相应操作过程才能得分。）

【实验用品】

酸式滴定管、碱式滴定管、滴定管夹、锥形瓶、烧杯、铁架台等。

0.2000 mol/L 的标准盐酸、待测的 NaOH 溶液、酚酞溶液、蒸馏水等。

【实验步骤】

1. 滴定管的使用方法

（1）检查仪器：使用前，首先要检查滴定管是否漏水。（10 分）

（2）润洗仪器：洁净的酸式滴定管和碱式滴定管分别用所要盛装的酸、碱润洗_____次。（15 分）

（3）加入反应液：分别将酸、碱加到酸式滴定管和碱式滴定管中，使液面位于滴定管_____处，并将滴定管垂直固定在滴定管夹上。（5 分）

（4）调节起始读数：排出气泡，使液面位于滴定管_____刻度处，准确记录读数。（15 分）

2. 用 0.2000 mol/L 的标准盐酸滴定未知浓度的 NaOH 溶液

（1）把锥形瓶放在碱式滴定管的下方，滴入 25.00 mL 待测液，再向其中滴加 2 滴酚酞溶液。把锥形瓶放在酸式滴定管的下方，瓶下垫一张白纸，小心地滴入酸。边滴边摇动锥形瓶（接近终点时，改为滴加半滴酸），直到因加入半滴酸后，溶液颜色从粉红色刚好变为_____，且半分钟内_____，记录滴定管液面的读数。（25 分）

（2）重复实验两次，并记录相关数据。（10 分）

（3）计算待测 NaOH 溶液的物质的量浓度。（10 分）

3. 整理实验台

清洗仪器，整齐摆放实验用品。（10 分）

高中化学学生实验操作评价试题 7　评分细则

实 验 内 容	评 分 说 明	分值	得分
滴定管的 使用方法	正确检查滴定管是否漏水。	10 分	
	正确润洗酸式滴定管和碱式滴定管。	10 分	
	正确书写"2～3"。	5 分	
	正确书写" '0' 刻度以上 2～3 mL"。	5 分	
	正确排气泡。	10 分	
	正确书写"0"。	5 分	

实 验 内 容	评 分 说 明	分值	得分
用 0.2000 mol/L 的标准盐酸滴定未知浓度的 NaOH 溶液	用锥形瓶取 25.00 mL 待测液,滴加 2 滴酚酞溶液。	5 分	
	边滴边摇动锥形瓶。	5 分	
	正确书写"无色";正确书写"不变色"。	10 分	
	记录滴定管液面的读数。	5 分	
	重复实验两次,并记录相关数据。	10 分	
	计算待测 NaOH 溶液的物质的量浓度。	10 分	
整理实验台	清洗仪器,整齐摆放实验用品。	10 分	
合计		100 分	

高中化学学生实验操作评价试题 8　乙酸乙酯的水解

(注:满分 100 分;所有数据、结论必须有相应操作过程才能得分。)

【实验用品】

试管、试管夹、量筒、胶头滴管、水浴锅等。

乙酸乙酯、蒸馏水、70～80 ℃热水、3 mol/L H_2SO_4 溶液、6 mol/L NaOH 溶液等。

【实验步骤】

1. 配制反应混合液

在 A、B、C 三支试管里各加入 6 滴乙酸乙酯。向 A 试管里加入＿＿＿＿＿ mL 蒸馏水;向 B 试管里加入 0.5 mL 3 mol/L H_2SO_4 溶液和＿＿＿＿＿ mL 蒸馏水;向 C 试管里加入 0.5 mL 6 mol/L NaOH 溶液和 5.0 mL 蒸馏水。(30 分)

2. 乙酸乙酯的水解

振荡均匀后,把三支试管都放入 70～80 ℃的水浴里加热。比较试管里酯层和酯香味消失得快慢。记录酯层和酯香味消失的时间由长到短依次为＿＿＿＿＿(用试管字母编号表示)。(40 分)

试管 B 中发生反应的化学方程式为＿＿＿＿＿。(10 分)

试管 C 中发生反应的化学方程式为＿＿＿＿＿。(10 分)

3. 整理实验台

清洗仪器,整齐摆放实验用品。(10 分)

高中化学学生实验操作评价试题 8　评分细则

实 验 内 容	评 分 说 明	分值	得分
配制反应混合液	使用胶头滴管向 A、B、C 三支试管中各加入 6 滴乙酸乙酯。	5 分	
	正确书写"5.5"。	5 分	

续表

实 验 内 容	评 分 说 明	分值	得分
配制反应混合液	正确书写"5.0"。	5 分	
	向 A 试管里加入 5.5 mL 蒸馏水。	5 分	
	向 B 试管里加入 0.5 mL 3 mol/L H$_2$SO$_4$ 溶液和 5.0 mL 蒸馏水。	5 分	
	向 C 试管里加入 0.5 mL 6 mol/L NaOH 溶液和 5.0 mL 蒸馏水。	5 分	
乙酸乙酯的水解	能正确地振荡试管。	10 分	
	能用水浴加热的方法控制反应温度。	10 分	
	能认真仔细地观察并记录实验现象。	10 分	
乙酸乙酯的水解	正确书写"A、B、C"。	10 分	
	正确书写"$CH_3COOCH_2CH_3 + H_2O \underset{\triangle}{\overset{稀硫酸}{\rightleftharpoons}} CH_3COOH + CH_3CH_2OH$"。	10 分	
	正确书写"$CH_3COOCH_2CH_3 + NaOH \overset{\triangle}{\longrightarrow} CH_3COONa + CH_3CH_2OH$"。	10 分	
整理实验台	清洗仪器，整齐摆放实验用品。	10 分	
合计		100 分	

附 录 2

化学实验教学用危险化学品管理办法

为进一步加强中小学实验教学用危险化学品的安全管理，保障实验教学安全及师生生命财产安全，根据《危险化学品安全管理条例》（中华人民共和国国务院令第591号）和《教学实验用危险固体、液体的使用与保管》（GB/T 28920—2012）等有关规定，制定本办法。

1. 落实安全管理责任制

各级教育行政部门和学校要牢固树立"安全第一、健康第一"的意识，切实加强危险化学品的监督管理和应用指导，建立完善的安全管理责任制并切实落实。中小学校长是第一责任人，对学校安全负总责。分管校长和实验教学管理人员是直接责任人，对危险化学品安全管理承担领导责任和直接责任。

2. 强化日常监管

学校危险化学品贮藏室应单建或建于教学楼外墙一侧，不应设在教学楼内，也不能设在楼内地下室。危险化学品贮藏室应设置相应的监控、防晒、防火、防雷、灭火、防潮、调温、消除静电、防腐、防渗漏等安全设施。危险化学品实行专柜存储，按危险化学品的特性分类存放，做到"双人、双锁"管理。

3. 严格执行危险化学品采购审批制度

学校应根据年度实验教学正常需要，制定危险化学品采购计划，不得超范围、超量购置和贮存（贮存量不超过一学期的实际用量）。采购的实验用危险化学品应具有安全标签和按《化学品安全技术说明书 内容和项目顺序》（GB/T 16483—2008）

编写的化学品安全技术说明书。未标识安全标签及未随化学品附安全技术说明书的危险化学品一律禁止进入学校。未经校长批准，任何部门和个人不得购买和动用危险化学品。

4. 建立危险化学品明细台账

中小学要统一建立危险化学品明细台账，日常教学应用前、后的领用量和使用量要详细登记在册，由实验管理人员归口管理。学校每学期要对危险化学品的包装、标签、状态进行仔细检查，做到账目清楚完整、账物相符、卡物相符。

5. 规范危险化学品使用流程

学校应定期对师生进行安全使用危险化学品的培训，使其能够识别标签，了解安全使用知识，掌握必要的应急处理方法和自救措施。教师进行实验前，必须向学生强调实验操作要求，实验中师生要严格遵守安全操作规程。教师领用危险化学品前，必须提前计算用量，经学校领导批准后由专人领取。使用后剩余的危险化学品应立即送还、登记并妥善保管。

6. 依规处置废弃危险化学品

对实验产生或残存的废气、废液、废渣，按照《教学实验用危险固体、液体的使用与保管》（GB/T 28920—2012）和危险化学品的使用说明，由学校统一进行收集、集中处理，不得在实验室内存留、释放，更不可随意倒入下水道内。有条件的地方和学校，可委托经过省级环保部门认定的、具有湖北省危险废液废物经营许可证的第三方机构进行处置。

7. 及时正确处置安全问题

中小学要制定并严格执行危险化学品安全管理工作预案。定期开展危险化学品安全风险排查，发现问题及时整改。在危险化学品的管理和使用过程中，如发生安全问题或事故，学校应迅速按照应急预案进行处置，并第一时间向学校负责人报告。如发生重大安全事故，要按规定及时报告当地公安、环保、卫生等部门，不得隐瞒。

参考文献

REFERENCE

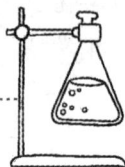

［1］ 中华人民共和国教育部. 普通高中化学课程标准（2017 年版 2020 年修订）［S］. 北京：人民教育出版社，2020.

［2］ 中华人民共和国教育部. 义务教育化学课程标准（2022 年版）［S］. 北京：北京师范大学出版社，2022.

［3］ 人民教育出版社课程教材研究所，化学课程教材研究开发中心. 普通高中教科书　化学　必修　第一册［M］. 北京：人民教育出版社，2019.

［4］ 人民教育出版社课程教材研究所，化学课程教材研究开发中心. 普通高中教科书　化学　必修　第二册［M］. 北京：人民教育出版社，2019.

［5］ 人民教育出版社课程教材研究所，化学课程教材研究开发中心. 普通高中教科书　化学　选择性必修 1　化学反应原理［M］. 北京：人民教育出版社，2020.

［6］ 人民教育出版社课程教材研究所，化学课程教材研究开发中心. 普通高中教科书　化学　选择性必修 2　物质结构与性质［M］. 北京：人民教育出版社，2020.

［7］ 人民教育出版社课程教材研究所，化学课程教材研究开发中心. 普通高中教科书　化学　选择性必修 3　有机化学基础［M］. 北京：人民教育出版社，2020.

［8］ 房喻，徐端钧. 普通高中化学课程标准（2017 年版）解读［M］. 北京：高等教育出版社，2018.